U0464147

新时代思政学科研究文库

思想政治教育接受动力研究

张　欣◎著

光明日报出版社

图书在版编目（CIP）数据

思想政治教育接受动力研究 / 张欣著 . -- 北京：
光明日报出版社，2024.6. -- ISBN 978－7－5194－8042－4

Ⅰ. D64

中国国家版本馆 CIP 数据核字第 2024P7D706 号

思想政治教育接受动力研究

SIXIANG ZHENGZHI JIAOYU JIESHOU DONGLI YANJIU

著　者：张　欣

责任编辑：王　娟　　　　　　责任校对：许　怡　李学敏
封面设计：中联华文　　　　　责任印制：曹　净

出版发行：光明日报出版社
地　　址：北京市西城区永安路 106 号，100050
电　　话：010-63169890（咨询），010-63131930（邮购）
传　　真：010-63131930
网　　址：http：// book. gmw. cn
E － mail：gmrbcbs@ gmw. cn
法律顾问：北京市兰台律师事务所龚柳方律师

印　　刷：三河市华东印刷有限公司
装　　订：三河市华东印刷有限公司
本书如有破损、缺页、装订错误，请与本社联系调换，电话：010-63131930

开　　本：170mm×240mm
字　　数：165 千字　　　　　　印　　张：13. 5
版　　次：2024 年 6 月第 1 版　　印　　次：2024 年 6 月第 1 次印刷
书　　号：ISBN 978－7－5194－8042－4
定　　价：85. 00 元

版权所有　　翻印必究

新时代思政学科研究文库·编委会

主　编：冯　刚

副主编：白永生　金国峰

编　委（按姓氏笔画为序）：

王　振　朱宏强　吴满意　严　帅

张小飞　张晓平　罗仲尤　钟一彪

胡玉宁　龚　超　曾令辉　曾永平

序　言

　　传承、实践与创新是思想政治教育学科永续发展的必由之路。思想政治教育学科 40 年砥砺前行，取得了长足发展，积累了丰富经验和坚实基础，在规律把握中不断推进科学化。新时代思想政治工作作为治党治国的重要方式，需要思想政治教育学科的理论支撑，全面建设社会主义现代化国家的新征程也为思想政治教育学科发展实践提供了广阔天地。实践是创新的基础，创新是发展的关键，立足新时代思想政治教育学科实践，以揭示和运用规律、推动学科接续发展为旨归，深入总结思想政治教育学科创新成果，是新时代思想政治教育学科资政育人功能充分发挥的关键所在。

一、新时代思想政治教育学科研究具有深厚的实践基础

　　实践出真知，纵观 40 年学科发展历程，眺望新征程学科建设之路，实践始终是思想政治教育学科深化发展的丰沃土壤。一直以来，思想政治教育学科不仅承担着思想理论研究的使命，而且肩负着把研究成果转化为教育内容、完成马克思主义理论教育的任务。由此，思想政治教育学科在我国社会主义事业中举足轻重的地位充分展现。立足思想政治教育 40 年丰硕实践，思想政治教育学科不断深化理论基

础，优化政策制度设计，增进发展内生动力，推动内涵式发展，使思想政治教育的发展更加有积淀、更加有保障、更加有活力、更加有质量，在理论、制度、发展动力和发展模式上系统增进科学化，把思想政治教育的创新发展不断推向新高度。特别是党的十八大以来，以习近平同志为核心的党中央立足新时代中国特色社会主义的伟大实践，在思想政治教育领域提出了一系列新思想、新举措，这些重要思想和举措有机统一，体现出鲜明的时代特征，为思想政治教育学科的理论与实践创新发展提供了根本遵循。在习近平新时代中国特色社会主义思想的指导下，新时代思想政治教育学科蓬勃发展，理论研究的不断深化为我国思想政治工作提供了有力理论支撑，学科体系的日益完善助力推动形成具有中国特色、中国风格、中国气派的哲学社会科学体系，教育教学改革的不断推进切实提高了思想政治教育的质量和国际化水平，在加强国际交流合作、借鉴世界先进经验中实现了思想政治教育学科的创新发展。

踏上全面建设社会主义现代化国家的新征程，思想政治工作成为治党治国的重要方式，因此为思想政治工作科学化发展提供理论支撑的思想政治教育学科也迎来了广阔的发展空间。面对新征程中思想宣传领域的新挑战，思想政治教育学科在实践问题破解中实现了新发展。面对社会意识形态的多样化，随着我国社会经济的发展，人们的思想观念发生了深刻的变化，社会意识形态呈现出多样化态势。这就要求思想政治教育学科要主动适应这一变化，不断创新教育内容和方式，牢牢把握马克思主义在意识形态领域的指导地位。面向网络信息传播的迅速化，互联网的普及使得信息传播速度加快、范围更广。思想政治教育学科要关注网络空间的健康发展，引导网民树立正确的价值观，抵制不良信息的侵害。同时，要善于运用现代信息技术，提高思想政治教育的实效性。面对国际交流的常态化，新时代国际交流日益频繁，不同文化、价值观的碰撞和交融使人们的思想更加活跃。思想政治教育学科要关注国际形势的变化，教育人们树立国家意识、民族意识，坚定"四个自信"。面向社会问题的复杂化，随着我国社会转型的深入，各种社会问题日益凸显。思想政治教育学科要关注这些问题，引导人们正确认识和分析社会现象，树立正确的世界观、人生观和价值观。通过教育，提高人们的道德素质和社会责任感，为解决社会问题贡献力量。面向人才培养的多元化，新时代要着力培养德智体美劳全面发展的社会主义建设者和接班人，思想政治教育学科要在人才培养中发挥重要作用，着力培养能够担当民族复兴大任的时代新人。因此，新时代思想政治教育学科必须紧跟时代发展，积极融入中国式现代化建设实践，锚定打破困境的突破口，明确接续发展的生长点，找准质量提升的着力点，实现新时代思想政治教育学科的内涵式高质量发展。

二、深刻把握新时代思想政治教育学科研究的基本规律

把握规律是对思想政治教育本质的执着追求，40年来思想政治教育学科在规律探寻中砥砺前行，也将在规律指导下创新发展。思想政治教育学科具有突出的理论性和实践性，理论和实践相统一是贯穿思想政治教育发展始终的基本规律，理论是实践的指导，理论又在实践导向中创新并在实践检验中发展。为了回应新时代的发展要求，满足思想政治教育学科改革和创新的需求，新时代思想政治教育学科要注重理论创新、方法创新和课程创新。第一，新时代思想政治教育的理论创新应立足马克思主义理论的基本原理，紧密结合新时代中国特色社会主义事业的发展实际，着力探讨思想政治教育规律的新表现、新实践和新发展，

深入研究新时代思想政治教育的重大理论和实践问题。第二，与时俱进是思想政治教育发展规律的本质要求，新时代思想政治教育学科的方法创新应注重结合现代科技手段，提高思想政治教育的针对性和实效性。同时，注重传统方法与现代科技手段的有机结合，如线上线下相结合、情感与理性相统一等，实现新时代思想政治教育方法的创新性发展。第三，新时代思想政治教育学科的课程创新应着力推进大中小学思想政治教育一体化建设，实现课程体系的系统化、科学化。此外，注重课程内容的更新，将习近平新时代中国特色社会主义事业的新理论、新成果融入课程体系，提高课程的时代性。

遵循和运用规律是新时代思想政治教育学科发展的必由之路，在规律深化中将思想政治教育学科研究引向深入。思想政治教育学科应坚持马克思主义理论，特别是习近平新时代中国特色社会主义思想的指导地位，坚定理论自信；贯彻以人民为中心的发展思想，在服务党和国家中心工作中实现学科发展；积极融入中国实践，总结中国经验，贡献中国智慧；推动与其他学科的交叉融合，拓宽研究领域；着力加强学科队伍建设，提高学科人才的培养质量。总而言之，新时代思想政治教育学科应坚持规律指导，紧紧抓住发展机遇，积极应对挑战，随着思想政治教育理论与实践研究的不断深入、研究视野的持续开拓，思想政治教育必将在守正创新中不断深化，思想政治教育学科必将在内涵式发展的道路上迈向新高度。

三、丰富拓展新时代思想政治教育学科研究文库

"满眼生机转化钧，天工人巧日争新。"在思想政治教育学科发展过程中，一大批中青年学者通过积极参与学科建设工作，逐渐崭露头角，成长为独当一面的学术骨干。他们在研究过程中不断拓宽视野，提

出富有创新性的观点，为学科理论体系注入了新的活力。这些中青年学者不仅推动了思想政治教育学科的繁荣发展，还为培养新一代思政人才、服务国家和社会做出了重要贡献。在长期的学术探索中，这些中青年学者立足于时代发展的前沿，深入研究思想政治教育的核心问题，积极回应新时代面临的挑战。他们勇于突破传统研究范式，不断创新理论框架，为学科发展提供了源源不断的动力。同时，他们还注重将理论研究与实践应用紧密结合，持续丰富思想政治教育学科理论体系。在成长过程中，这些中青年学者紧紧把握时代脉搏，关注国家和社会发展需求，深入挖掘优秀传统文化资源，借鉴国际先进经验，积极探索适应新时代的教育方法，以期为我国思想政治教育事业的发展贡献力量。在研究过程中，这些中青年学者充分发挥自身优势，勇于突破传统束缚，以全球视野和时代高度审视思想政治教育的发展。他们结合国际国内的新形势、新任务，对学科的理论体系进行深入挖掘和创新发展，为构建具有中国特色、世界水平的思想政治教育学科体系做出了积极努力。在未来的道路上，这些中青年学者将以更加坚定的信念、更加宽广的视野、更加严谨的态度，为思想政治教育学科的繁荣发展贡献力量，为实现中华民族伟大复兴的中国梦书写新的篇章。

基于此，我们精心策划了这套具有鲜明时代特色和实践价值的《新时代思政学科研究文库》，组织了一批在我国思想政治教育领域具有重要成就的中青年学者，呈现他们对于思想政治教育的深入认识和系统观点。丛书从不同维度对思想政治教育学科理论和实践问题做出探索性研究，深入剖析了新时代思想政治教育的核心议题，为丰富思想政治教育学科理论体系提供了参考。丛书第一批次包括《网络时代高校思想政治教育对象研究》《高校思想政治理论课教学研究》《新时代高校思政课"八个相统一"规律研究》《思想政治教育内生动力理论研究》

《思政课教师专业发展研究》《思想政治教育场景论》《思想政治教育接受动力研究》《社会主义意识形态价值结构纵横论》8 本分册。其中，《网络时代高校思想政治教育对象研究》深入剖析网络时代高校思想政治教育目标群体特征和需求的变化，强调网络环境对教育对象的影响，为提升思想政治教育效果提供了理论支撑。《高校思想政治理论课教学研究》从教学角度出发，研究了高校思想政治理论课的改革创新，提出了教学模式、教学方法、教学评价等方面的创新举措，为提高教学质量提供了有益借鉴。《新时代高校思政课"八个相统一"规律研究》围绕习近平总书记对思政课建设的改革创新方法论进行了系统的学理性阐述，深刻总结了思政课建设长期以来形成的规律性认识，构成一个紧密联系、有机统一的整体。《思想政治教育内生动力理论研究》系统探究了思想政治教育内生动力的核心问题，为认识和激发内生动力进而推动思想政治教育内涵式发展奠定了理论基础。《思政课教师专业发展研究》聚焦中学思政课教师群体，着眼教师专业发展视角，深入探究了中学思政课教师专业发展的基本过程，为提升教师队伍的整体素质提供了理论和实践指导。《思想政治教育场景论》从场景角度出发，论证了思想政治教育场景的多样性、针对性和实效性，探讨了思想政治教育的有效实施途径。《思想政治教育接受动力研究》通过研究思想政治教育的接受动力，强调教育对象的接受动力是提高教育效果的关键，教育者应关注教育对象的兴趣、需求和困惑，从而有针对性地开展教育活动。《社会主义意识形态价值结构纵横论》从价值视角出发，系统分析了社会主义意识形态的价值结构，为做好新时代意识形态工作提供了借鉴。

总体而言，《新时代思政学科研究文库》既着力为思想政治教育学科中青年学者提供平台和窗口，也推动研究成果有力支撑我国思想政治教育的创新发展，为中国式现代化建设培养德智体美劳全面发展的社会主义建设者和接班人贡献力量。

北京师范大学思想政治工作研究院院长

冯　刚

2024 年 2 月

前　言

　　在学科理论维度，接受动力关涉学科理论体系的建构与完善，思想政治教育接受动力是思想政治教育理论谱系的内容构成。在实践层面，接受动力与思想政治教育实效性密切相关，思想政治教育接受无不是一定接受动力作用下的结果表征。深化接受动力研究对推进思想政治教育接受实践意义重大。

　　"思想政治教育接受动力"是引起、激发接受主体对接受客体积极地反映、选择、消化、吸收，并将其内化为自身的思想道德素质，外化为相应的思想品德行为，最终形成稳定的行为习惯的推动力。在这里，对思想政治教育接受动力的把握需注意以下两点：一是接受主体是接受活动中最为活跃的主体性构成，是考量思想政治教育接受动力的指向性因素；二是思想政治教育接受动力内在包含内化和外化的统一，思想政治教育接受动力既指代内化过程中的动力，也表征外化过程中的动力，凸显出广适性与指向性、原初性与生长性、阶段性与持久性、多样性与集合性相统一的鲜明特征。

　　从具体的实践发展中总结、凝练而来的推动思想政治教育接受的必要元素是思想政治教育接受动力的要素，基于其来源属性及其对接受主体的作用方式，思想政治教育接受动力要素可分为内在驱动与外在导向两大类。其中，与接受主体呈现内生性关系，内在于接受主体的动力要素是思想政治教育接受的内在驱动要素，其主要包含需要要素、价值判断要素、矛盾要素；外在于接受主体的动力要素是思想政治教育接受的外在导向要素，环境要素、文化要素、评价要素是其主要构成。

接受动力要素是接受动力的前隐存在形态，其只有经过动力性转化才能对接受实践产生动力作用。思想政治教育接受活动中的内在驱动要素和外在导向要素在接受实践中实现着自身的动力化，成为思想政治教育接受动力的组成部分。同时，内在驱动要素与外在导向要素通过矛盾运动形成接受合力。因此，思想政治教育接受活动中存在三种动力：一是内在驱动要素动力化形成的内在驱动力，二是外在导向要素动力化形成的外在导向力，三是内在驱动要素及外在导向要素交互作用形成的接受合动力。

思想政治教育接受动力在导向功能作用下，助力思想政治教育保持正确方向；在驱动功能作用下，促进内化与外化的双向互动；在凝聚功能作用下，增进思想政治教育的承继性；在激发功能作用下，生发思想政治教育的改革创新活力。这些动力性功能在接受主体层面具体表征为对接受主体价值观、道德敏感性及主体精神方面的重要作用，而对动力作用做出客观、合理的评价是科学把握思想政治教育接受动力的题中之义。接受动力的作用评价是在一定的作用评价目标、原则、方法下实现的。

思想政治教育接受动力优化是探讨思想政治教育接受动力的重要落脚点，其既具有必要性与重要性，也具有理论与现实维度的可能性。思想政治教育接受动力优化内在蕴含"优化思想政治教育接受动力"和"思想政治教育接受动力的优化"两层含义，是优化思想政治教育接受动力的动态性过程与思想政治教育接受动力的优化这一静态性结果的有机结合。实现思想政治教育接受动力优化，要统筹考量思想政治教育接受动力各方面的影响要素，促进各动力要素的最优化，使之在相互作用中实现思想政治教育接受实效的不断提升。

目 录
CONTENTS

绪　论

　　思想政治教育是一项具有鲜明目的指向的教育活动，而教育实效性是目的指向是否得以实现及其实现程度如何的一大现实表征。但教育实效既不是空穴来风，也不是臆想之物，而是动力驱使下的实践获得。从思想政治教育接受实效层面来看，接受动力具有不可或缺性。那么，从学科角度对接受动力展开系统探索与分析，是深化理解与把握思想政治教育接受动力的客观之义。基于此，本章将围绕思想政治教育接受动力的构成—生成—作用—优化等问题进行建立在深化理论认知、提升教育实效的双重逻辑基础之上的探讨。

一、研究缘起及研究意义

（一）研究缘起

　　研究聚焦思想政治教育接受动力，主要基于对以下两方面的考量：

　　一是在理论维度，相关研究的推进与学科理论体系的发展完善紧密相关。从学科层面来看，接受动力是其重要且必要的构成元件。在实践发展的基础上，接受研究在学界的共同努力下不断向前推进，在接受过程、环境、规律、效果等方面取得了较为丰硕的研究成果，形成了思想政治教育接受动力研究的基本谱系。但关于思想政治教育接受动力何以形成、如何运行等问题的系统性研究目前仍不多见，相关研究尚需不断深化。选题聚焦思想政治教育接受动力，以纵向维度系统分析思想政治教育接受动力的要素构成、生成过程、作用表征及优化路径等，对于推进相关理论的系统把握，深化认知意义重大。

二是在实践维度，思想政治教育接受动力是提升思想政治教育接受实效的有力抓手。接受实效是思想政治教育理论与实践的共同命题，对这一命题的科学解答，要重点分析和解决思想政治教育的接受动力问题。从这一角度来看，接受动力和接受实效统一于思想政治教育实践活动。对一个具体的思想政治教育接受活动而言，接受动力和接受实效之间往往呈正相关关系，即接受动力推动接受实效。那么，这种推动思想政治教育接受实效的接受动力是如何生成的，又是如何作用、如何实现发展的是亟待深入探讨的重要理论课题，对这一问题的分析研究有助于在提升接受实效中推进思想政治教育深化发展。

（二）研究意义

十八大以来，随着党和国家对思想政治教育工作的进一步推进，在着力解决"培养什么人、怎样培养人、为谁培养人"① 的时代命题中，思想政治教育不断深化，这种深化既体现在理论研究的持续推进上，也反映于实际工作的新进展，其中，接受动力研究的不断深入是这种发展的一大表征。与此同时，思想政治教育接受动力具体研究的深化也彰显出鲜明的理论与实践意义。

推进思想政治教育接受动力研究的理论意义主要有：

其一，推进思想政治教育接受动力的研究有助于促进思想政治教育理论体系的完善。完善的理论体系既是学科发展的结果表征，也是其在

---

① 习近平. 用新时代中国特色社会主义思想铸魂育人　贯彻党的教育方针落实立德树人根本任务 [N]. 人民日报，2019-03-19（1）.

实践中持续深化的重要保障。如前所述，对思想政治教育学科系统而言，接受动力是其重要组成部分。在学科体系发展过程中，如若思想政治教育接受动力研究滞后，逻辑严密、理论完备的学科体系的建构则难以彻底实现。正是在此种背景下，研究以接受动力为探讨焦点，将其置于思想政治教育基础理论视域中加以考量，在考察思想政治教育接受动力的本质内涵、划分类型、要素构成、具体生成、作用评价及优化路径的脉络中深化对思想政治教育接受动力的理解和把握，从而助力学科理论体系的建构及发展。

其二，深化思想政治教育接受动力研究有助于强化研究者的学科自觉意识。自觉意识是一个学科实现持续发展的重要力量来源，同时，学科自觉意识的提升也不能脱离学科理论的研究进展。围绕思想政治教育接受动力，探讨思想政治教育接受活动中的动力存在及其具体类型，聚焦这些动力对思想政治教育接受实践具体起到了什么样的以及何种程度的作用，并对此展开学理分析，对研究者而言，这一过程既是学术探索意识及能力的培养过程，也是不断强化其学科自觉意识的过程。

推进思想政治教育接受动力研究在实践层面的重要意义主要表现为：

其一，推进思想政治教育接受动力的研究有助于提升思想政治教育接受的实效性。接受动力之于接受实效的重要性不言而喻，对具体的思想政治教育接受活动而言，脱离一定的动力作用，其接受实效无异于无源之水。在思想政治教育不断推进的背景下，接受动力研究逐渐深化，接受动力对于接受活动的重要意义持续彰显。但值得注意的是，接受动力不强、实效性不佳的问题在一定范围内仍客观存在着。而聚焦思想政治教育接受动力研究，着力探讨接受动力在思想政治教育实践活动中的生成、作用与优化等，有助于推动理论认知的深化发展，为接受实践形成更有针对性的指导，从而助力接受实效的提升。

其二，推进思想政治教育接受动力研究有助于塑养接受主体精神，助力担当民族复兴大任的时代新人的培育。接受主体具有突出的主体性，但个体的主体精神是一个逐渐发掘、不断深化提升的过程。作为思想政治教育接受实践中的主体性存在，接受主体在接受动力的推动作用中选择、消化、吸收思想政治教育信息、内容等接受客体，实现一定思想价值观念的内化认同，并在此基础上，将内化的观念转化为相应的行为表达，在内化与外化的统一中推进思想政治教育接受实践，这一过程是接受主体的主体性充分彰显的过程。从这一角度来说，我们常说的思想政治教育的接受动力归根到底要落脚到接受活动中的主体性存在，即接受主体身上，是接受主体的接受动力。同时，围绕接受动力展开的学理探讨与实践推进对接受主体的主体性具有反向作用，其有助于促进接受主体主体精神的塑造，从而助力培育堪当民族复兴大任的时代新人。

二、研究现状述评

接受动力是思想政治教育领域的一个重要范畴，其关涉接受主体是否接受以及在何种程度上接受思想政治教育即思想政治教育的实效性问题，对其开展相关研究是诸多研究者共同的研究期待。同时，接受动力本身是一个内蕴多学科属性的话语，国内外学者从不同的学科视角、具体场域对接受动力进行了探讨，为我们的研究活动提供着学理支撑和思想滋养。当然，这些研究成果也并非总是完善的、彻底的，其中不乏可深化推进的研究空间。

（一）国外研究进展

从学科的角度来看，思想政治教育接受动力是一定学科体系中的特殊范畴，由于国外并没有对应学科，思想政治教育接受动力的研究也就无从谈起。但接受活动古已有之，动力对于主体性存在的人的重要性也早已引起学术界的广泛关注，因此，一般意义上的接受研究和动力研究在国外已有较长的学术发展历史并取得了丰硕的研究成果。

1. 关于接受的相关研究

国外关于接受的相关研究凸显出多学科同时展开并在实践中相互联动的特征，其突出表现为西方解释学、传播学、接受美学三大学科围绕接受活动进行的理论探索。其一，解释学视域下的接受。在西方学科发展史中，解释学是一门具有悠久历史、发展较为成熟的学科门类，其学科成熟性的重要表征即为接受理论在历史传承中形成了较为完善的理论体系。西方解释学的最初形态为古希腊时期传达神之旨意的信使，后演变为中世纪时期对古文献文本及圣经的解读与注解。近代之后，以弗里德里希·丹尼尔·恩斯特·施莱尔马赫（Friedrich Daniel Ernst Schleier-macher）、马丁·海德格尔（Martin Heidegger）、汉斯-格奥尔格·伽达默尔（Hans-Georg Gadamer）等为代表的一批学者在传统解释学的基础上，提出了前结构理论、循环理论、视界融合等新的理论主张，对理解主体的理解行为进行了深入的研究，将解释学推进到新的历史发展时期。其二，传播学视野下的接受。传播学致力于信息的有效传播，围绕信息载体、传播对象、传播介体、传播过程、传播效果等开展了系统的研究活动，构建了较为完备的传播理论体系，而受众理论是其重要组成部分。传播学中的受众理论在理论研究和实践探索中经历了靶子论、有效效果论、个体差异论、社会分类论、社会关系论、社会参与论、文化规范论等发展样态。其中，靶子论凸显传播者和大众传播媒介的极端影响性，将受众作为被动承受其影响的箭靶。有效效果论提出受众对大众传播的影响并非不可抵抗、全盘接受，相反受众在传播活动中有选择性地接受传播信息。个体差异论等在认同受众有选择性接受行为的基础上，对影响受众接受行为的个体差异、社会关系、社会参与等进行了深入分析，推动受众理论由媒介主导向受众中心转变。其三，接受美学视域下的接受。这里的接受美学主要是指文艺范畴的接受美学，其主要以汉斯·罗伯特·姚斯（Hans Robert Jauss）提出的接受理论为代表。接受理论认为，作者和读者有机统一于文学作品中，作者的创作是读者阅读的前提，读者的阅读是作者创作的一种延展，对作品的生命而言，两者均缺一不可。其强调读者本身是"历史的一个能动的构成"①，读者对作品的阅读、理解是一种创造活动，作品解读的重点不在作品本身，而是作为其参与者存在的读者。

2. 关于动力的相关研究

作为推动事物发展的作用力，动力一词较早地作为一种学术现象进入不同学科研究者的视野。诸多学者从各自的学科视角及认知框架出发对动力问题进行了深入分析，形成了丰富的理论研究成果。其中，动力学、心理学、哲学中的动力研究对思想政治教育接受动力具有较为突出的借鉴意义。其一，动力学视域下的动力。作为物理学和天文学的基础存在的动力学，以力和物体运动之间的相互关系及作用为主要研究对象，建构起较为完善的动力理论。17 世纪初期，意大利天文学家伽利略·伽利雷（Galileo Galilei）通过实验揭示了惯性原理，为力的系统研究奠定了坚实的基础。1687 年，艾萨克·牛顿（Isaac Newton）在《自然哲学的数学原理》中系统阐述了惯性定律、作用和反作用定律、力的独立作用定律等，并提出万有引力定律，创设了严密的力学定律体系。随后，瑞士物理学家莱昂哈德·欧拉（Leonhard Euler）把刚体的概念引入动力学，使之成为分析一般固体运动的理论。19 世纪时英国

---

① 姚斯，霍拉勃. 接受美学和接受理论 [M]. 周宁，金元浦，译. 沈阳：辽宁人民出版社，1987：24.

数学家威廉·哈密顿（William Rowan Hamilton）提出用来描述物体运动所形成体系的哈密顿正则方程，将对物体运动规律的把握推进到新的发展阶段。其二，心理学视域下的动力。从心理角度出发分析动力问题可追溯至古埃及时期，此时人们将人的身体与心灵分离，认为身亡心存，这种早期的心灵动力为近现代心理动力研究提供了最初的思想滋养。美国新行为主义心理学家克拉克·赫尔（Clark Hull）在对人的心理状态和行为动机间的关系加以分析的基础上提出了内驱力学习理论。奥地利精神分析学家西格蒙德·弗洛伊德（Sigmund Freud）认为人的本能推动个体需要的产生，从而形成行为动力。美国社会心理学家亚伯拉罕·马斯洛（Abraham H. Maslow）对人的需要进行了深入系统的研究，并提出了需要层次理论，进一步明晰了人的需要与行为动机间的本质联系，为后续相关研究奠定了重要基础。其三，哲学视域下的动力。对事物运动本源的哲学探索是动力研究的重要构成。在马克思主义诞生之前，诸多哲学家对事物及其运动进行了诠释，如古希腊哲学家赫拉克利特（Heraclitus）指出世界如河流一般奔流不止；德国哲学家格奥尔格·威廉·弗里德里希·黑格尔（Georg Wilhelm Friedrich Hegel）认为，事物内在存在对立统一的矛盾，这种矛盾性构成了事物发展的源泉。马克思主义在继承前人科学观念的基础上，创造性地提出了唯物辩证法的观点，系统论述了矛盾对事物发展的动力作用，为深刻把握事物运动的本质及规律提供了基本遵循。

（二）国内研究状况

国内学界相关研究的展开与思想政治教育理论及实践的发展紧密相关，并伴随思想政治教育学科专业的设立稳步推进。就思想政治教育接受而言，20世纪90年代，在接受理论、动力理论发展的基础上，邱柏生教授在其专著中明晰了何为思想政治教育接受，界定了相关研究的发展方向。随着实践的不断推进，思想政治教育接受理论研究出现蓬勃之象。陈秉公教授在《21世纪思想政治教育工作创新理论体系》中对思想政治教育接受过程进行了相关论述。《现代思想政治教育学》一书中（张耀灿、郑永廷、吴潜涛、骆郁廷等）探讨了思想政治教育接受的本质内涵。此外，诸如《思想政治教育接受论》（王敏）、《思想政治教育接受规律论》（张世欣）等多本研究专著先后出版，相关期刊文章等也在量的积累与质的提高方面表现突出。在思想政治教育动力研究方面，冯刚、骆郁廷等专家学者从基础理论的视角出发，对推动思想政治教育深化发展的动力进行了深入探讨。冯刚教授指出，"思想政治教育的内生动力不是抽象的理论建构"①，强调动力研究要建立在分析具体情况的基础之上。从学科研究论域来看，思想政治教育接受动力研究成为部分研究者关注的焦点。刘居安、徐永赞、刘新全等诸多学者对思想政治教育接受动力进行了深入的分析，在此背景下，相关学位论文及期刊论文日益增加，有力地推进了思想政治教育接受动力的研究进程。

通过检索（CNKI）等相关数据系统，以"思想政治教育接受"为主题的检索结果显示，至目前为止，相关研究成果分布情况为：2023年198篇，2022年325篇，2021年350篇，2020年368篇，2019年358篇。以"思想政治教育动力"为主题进行检索显示，2023年7篇，2022年11篇，2021年19篇，2020年18篇，2019年18篇。以"思想政治教育接受动力"为主题，检索到36篇相关文献。纵观各年限的研究成果不难发现，虽不同年度成果数量稍有差异，但对此课题开展理论与应用研究无疑是学界持续的着力方向。其中接受动力的相关研究主要集中于以下几方面：

---

① 冯刚. 探索思想政治教育发展的内生动力［M］. 北京：人民出版社，2017：3.

其一，关于何为思想政治教育接受动力的研究。

围绕思想政治教育接受的相关研究。在接受概念进入思想政治教育学科场域后，诸多研究者从不同视角对其进行了分解式剖析。如王敏指出思想政治教育接受是发生在思想政治教育领域内的一种接受活动，具有特指性，并强调"接受的结果是形成人的内化精神和外化的行为"①。赵继伟从马克思主义意识形态的整体性出发，将马克思主义意识形态接受界定为意识形态接受主体基于满足需要而进行的"反映、认识、理解以及行为选择与表现的过程"。② 余仰涛将思想政治教育接受规律归纳为要素对应规律、内化规律、自我效应规律等。徐永赞在《思想政治教育接受过程研究》中对思想政治教育接受过程的结构、运行、机制及其优化等进行了系统的研究。于泉蛟认为，在思想政治教育接受活动中存在着诸多矛盾，其中，"教育者与受教育者、接受主体与接受客体间的矛盾"是主要矛盾，"受教育者与教育环境、受教育者与教育方法间的矛盾"③ 构成了具体矛盾。刘新全在《现代思想政治教育接受行为及其有效性问题研究》中对影响思想政治教育有效性的具体要素进行了深入的研究。黄宪杯在《提高学生对思想政治教育的接受心理》一文中对受教育者的接受心理进行了初步分析。王丽荣将接受心理界定为"客体进行反映、选择、理解、解释、整合、内化及外化践行等活动中的各种心理现象的总称"④。张雷的《传播理论与大学生思想政治教育有效接受研究》从传播学视角出发，探讨了受众理论、把关人、议程设置等传播学理论对思想政治教育接受实效的影响。李颖的《基于哲学解释学视角的思想政治教育接受研究》通过解释学相关理论来

① 王敏. 思想政治教育接受论 [M]. 武汉：湖北人民出版社，2002：33.
② 赵继伟. 马克思主义意识形态接受论 [M]. 武汉：武汉大学出版社，2009：41.
③ 于泉蛟. 思想政治教育接受结构研究 [M]. 北京：人民出版社，2015：166-184.
④ 王丽荣. 思想政治教育接受心理研究 [M]. 长春：吉林出版社，2013：39-40.

透视思想政治教育接受的内涵、目的,对接受主体的"前理解""主观诠释""社会诠释"等作用进行了系统分析。以上诸多研究成果涵盖了接受过程、接受心理、接受规律、接受行为等主题,研究视野体现出跨学科趋向,推动思想政治教育接受研究不断深化发展。此外,王锐勤等在《新媒体下的大学生思想政治教育接受状况及对策探究》中从内在动力、思维方式、情感效应、生态环境四方面阐述了思想政治教育接受对策,对新媒体背景下的思想政治教育接受进行了深入探讨。

围绕接受动力要素及内容的相关研究。在实践发展的基础上,关于思想政治教育接受动力要素构成的学术研究不断推进,并取得了较为丰富的研究成果。如刘居安在《思想政治教育接受主体动力分类新探》一文中依照不同属性,将接受主体动力划分为次要动力和辅助动力等,并在系列研究中把影响接受主体外在被动力形成的因素归结为"一定社会政治集团或政治组织机构指定的义务、一定社会组织的批评与惩罚、社会舆论"①,与其持相似观点的有郜火星的《思想政治教育接受主体正向外在被动力分析》等。孙留涛、李秀在《接受视域下大学生思想政治教育接受动力因子探析》一文中把影响高校学生思想政治教育接受的因子概述为自我认知、情感、自我发展等需求以及对思想政治教育的理性审视、接受客体所具有的感染力和接受环境所具有的辅助力六方面。与其观点相似的有杨媚的《思想政治教育接受主体动力的静态分析》及吉志鹏、李学利的《大学生思想道德教育接受的动力及其调控》等。邱哲则从接受美学视角出发,探讨了读者的审美经验、期待视野、未定性的留白以及读者参与等之于接受主体思想政治教育接受实践的重要价值。苏大雪的《高校大学生接受思想政治教育动力培养

---

① 刘居安.思想政治教育接受主体外在被动力分析 [J]. 求实, 2005 (12): 83.

研究》一文把大学生接受思想政治教育的动力分为根本动力、内生驱力和外在推力。其中，影响内生动力的因素主要表现为学生的智力、个体情感和意志、个人理想以及兴趣爱好等；影响外在动力的因素主要有民族整体利益、国家方针政策、一定阶级集团等。王晓彤的《大学生思想政治教育内在接受动力研究》提出，学科内在接受动力的内容包括接受主体的内在需要、价值观念、情感参与以及意志品质等。亓凤香在《论思想政治教育的外在接受动力》一文中提出，制度的合理、惩恶扬善的社会氛围是思想政治教育外在接受动力的重要保障。李睿的《大学生思想政治理论课接受动力研究》从个人、家庭、学校等维度探讨了思想政治理论课接受的动力因素。

围绕接受动力具体所指的研究。针对思想政治教育接受动力本质内涵的研究与动力、接受动力探索活动密切相关。在接受动力的研究价值维度，冯刚教授指出，思想政治教育在实践层面的发展，需"回归到思想政治教育活动本身"① 这一论断对深入推进思想政治教育接受动力研究具有重要意义。而陈立军等从接受动力与接受主体两者关系的角度指出，接受动力对"个体接受的积极性、选择性，以及接受方式、方法和接受数量"② 等具有决定性意义，在一定程度上重申了接受动力的重要意义。在探索接受动力本质内涵的研究实践中，研究者对与其相近的概念如精神动力、学习动力等进行了专门性研究。如骆郁廷教授在对精神动力进行系统分析的基础上界定了其本质所指，郝登峰在《现代精神动力论》中对精神动力的界定与其一脉相承。同时，部分研究者从学习动力入手分析思想政治教育动力，如谢华《思想政治教育视角

① 冯刚. 探索思想政治教育发展的内生动力［M］. 北京：人民出版社，2017：1.
② 陈立军，何国清. 高校思想政治教育可接受性的理论与实践［J］. 临沂大学学报，2013（3）：16.

下的大学生学习动力培养》等即属此类。封莎从推动学科的系统性发展出发，对学科发展的外部动力和内部动力进行了分析研究。值得注意的是，思想政治教育接受动力相关学位论文的逐渐增加，一方面强化了研究力量，同时也为接受动力的内涵把握增添了诸多活力。

其二，关于阻碍思想政治教育接受的因素及其对策研究。

围绕思想政治教育接受的阻碍因素展开研究。目前相关研究多建立在实证分析的基础上。如刘丽琼的《思想政治理论课教学接受论》基于对思想政治理论课接受实际的调研，探讨了思想政治理论课教学中教学认识方面存在的误区以及教学实践中存在的偏差。韩巧霞的《大学生思想政治教育接受问题研究——基于文化资本分析方法视角》从哲学文化资本的角度探讨了场域虚实中的共时性、文化资本中的惯习性以及惯习更迭中的历时性等的具体作用。张洪春的《少数民族思想政治教育接受过程研究》一文在对少数民族思想政治教育接受问题进行实证分析的基础上，将其制约因素归结为少数民族的传统文化、全球化冲击、经济发展差距、城市间交往流动、民族分离主义等几方面。徐启东在《大学生思想政治教育接受的障碍及对策分析》中将接受动力内在障碍产生的原因概括为接受主体本身具有的认知定势阻抗、价值取向务实以及需求动力匮乏等几大方面。此外，部分研究者从心理学的视角探讨思想政治教育接受的阻碍因素，如王丽荣强调活动中的心理障碍主要有"需要接受心理障碍、认知接受心理障碍、情感接受心理障碍"① 并对心理障碍的本质内涵、产生原因等展开了较为系统的研究。张亚丽的《大学生思想政治教育接受效果研究》、赵俊红的《大学生美德化育研究》与其研究视角有异曲同工之处。此外，有部分研究者从供给侧改

① 王丽荣. 思想政治教育接受心理研究［M］. 长春：吉林出版社，2013：66.

革的角度分析接受动力存在的现实问题，如黄美娟的《基于供给侧视角下的高校思想政治理论课教学改革审视》，刘晓芳、杨善发的《论研究生意识形态教育供给侧改革》等。

围绕思想政治教育接受障碍解决对策的研究。关于思想政治教育接受障碍解决策略的研究主要体现为以下几方面：首先，将需要作为消解接受动力所存障碍的切入点得到较多研究者的认同。如刘居安基于对接受动力主要类型与内容的研究认为，思想政治教育接受动力问题的解决应着力满足主体需求、推动教育的发展以及引导接受主体树立合理需要。持有相似观点的有刘丽坤的《思想政治教育接受动力机制研究》，范军、刘静丽的《大学生思想政治教育接受动力特点及对策思考》等。同时，部分研究者基于交叉学科视野，对思想政治教育接受动力的激发问题进行了学理分析，如韩巧霞通过对思想政治教育接受的文化资本分析，主张提升思想政治教育接受实效要着力"信息媒介场域的利用、流行文化符号的互动、多层复合精神需求以及文化资本意识形态属性的关注"[1] 等。同时，诸多研究者对推动具体思想政治教育情境下的接受动力进行了较为深入的理论研究，如刘新全指出要从"接受主体的自为与超越、体系调适与功能提升、社会环境优化"[2] 等方面提升思想政治教育接受行为的有效性。刘丽琼的《思想政治理论课教学接受论》强调，思想政治理论课接受效果的提升依赖于教师素质的提高、教学内容的改善、审美氛围的营造、本地教育资源的充分挖掘等。吴瑕的《大学生思想政治教育动力研究》对思想政治教育的动力与阻力、动力的增强及阻力的发展等进行了较为系统的研究。

① 韩巧霞．大学生思想政治教育接受问题研究：基于文化资本分析方法视角［M］．北京：知识产权出版社，2018：157-176.

② 刘新全．现代思想政治教育接受行为及其有效性问题研究［M］．徐州：中国矿业大学出版社，2017：237-263.

其三，关于思想政治教育接受动力的生成运行研究。

围绕思想政治教育接受动力的具体运行机制展开研究。如徐永赞对思想政治教育接受动力进行了细化研究，将其分为内在驱动力和外在导向力，并指出两者"共同构成了思想政治教育接受过程运行的动力结构"。同时，该文将接受实践活动的运行环节归结为"发生启动、选择获取、整合内化、外化践行、反馈调节"① 这一界定对深化把握思想政治教育接受动力的运行机制具有重要意义。刘丽坤等研究者对思想政治教育接受动力的考察基本上遵循了这一运行脉络。李成飞的《浅论思想政治教育的动力机制》一文把动力机制概括为政策导向、物质和精神激励及竞争机制等四方面。马奇柯的《论思想政治教育的动力机制》、张亚梅的《高校思想政治工作动力机制探析》与其分析思路相似。此外，从矛盾或其他视角出发考察思想政治教育接受动力的运行机制也取得了一定研究进展。如潘立勇的《思想政治教育接受过程的动力机制》将接受过程中的基本矛盾运动视为接受动力运行的重要表征。杨雅涵的《学生接受思想政治教育内在动力探析》一文把思想政治教育内生动力机制概括为满足需求、设定目标、动机转化与环境因素四方面。吕铭等在《以"需要"为视角构建高校德育的思考》一文中提出以德育需要为基础建构德育模式。曾昭皓的《德育动力机制研究》对德育内生动力、外生动力以及联动动力机制进行了系统分析，同时将德育活动中动力的运行概述为三大规律，即接受动力的盈亏、接受活动中的正负动力以及动力增减性规律。张亮的《思想政治教育接受机制研究》以结构维度、目标维度、心理维度为切入点分析探讨了思想政治教育接受机制的优化问题。另外，还有研究者对自我教育机制的运行进

①　徐永赞.思想政治教育接受过程研究［M］.石家庄：河北人民出版社，2011：90-129.

行了分析，把自我教育机制的运行归纳为激发、引导、保持和转化自我教育动力四个环节。

围绕思想政治教育接受动力激发举措的研究。分析研究事物以把握、推动其发展为重要皈依，对思想政治教育接受动力的学理探讨是为了在实践中充分激发接受动力及其动力作用的更好实现。诸多研究者在研究实践中对如何激发思想政治教育接受动力这一命题从不同视角进行了深入探讨。其中，诸多研究者关注到了契合个体诉求在激发思想政治教育接受动力中的重要作用。如刘居安指出，"开发动力源，就是要激发接受主体的各种需要"①，郑永廷、曾萍在《当代大学生的成长需要与高校思想政治教育的价值实现》一文中强调，强化学生群体的自发性和自觉性要着力于其需要的满足、主体性的发挥及其社会化程度。与此持相似观点的有邵献平的《需要：思想政治教育信息传输的动力》，杨昳婧的《浅谈大学生马克思主义信仰教育的方法》等。此外，刘静丽的《当代大学生思想政治教育接受动力的优化原则》认为，要在自我需要和社会需要、内驱力和外驱力的具体的历史的统一中实现接受动力的优化。赵灯峰的《思想政治教育动力论》主张在整合文化和利益两方面动力的基础上考量思想政治教育接受动力。苏大雪的《高校大学生接受思想政治教育动力培养研究》也提出在满足主体需要的基础上，通过整合动力、优化环境、开发资源等举措培育青年学生的思想政治教育接受动力。李睿的《大学生思想政治理论课接受动力研究》在分析思想政治理论课接受动力形成机制的基础上，强调接受动力的开发与优化需以提高认识、优化结构、提升教学吸引力、增加投入等为着力点。

---

① 刘居安. 论思想政治教育接受主体动力系统的结构及其管理 [J]. 学校党建与思想教育，2004（9）：20.

（三）现有研究状况的评析

对国外接受动力相关研究的简要评析。国外关于接受理论及动力理论的相关研究从多学科视角出发，在不同的学科视域下对人的接受活动、动力的本质及形成规律等进行了深入探索。不同学科视野下接受动力的话语体系及逻辑呈现各具特点，其观点也并不总是一致的。从整体上看，以下几方面观点获得了较为广泛的认同：一是重视接受主体的主体性在接受活动中的重要作用，把接受主体的积极参与作为接受活动的必要构成；二是主张接受活动受多重因素的影响，接受主体的个体因素（如需要、认知基础及能力）、环境因素、社会因素等均对接受活动具有重要作用；三是动力的考察与事物内在矛盾直接相关，矛盾是推动事物发展的重要力量。西方学界关于接受及动力的相关研究可为思想政治教育接受动力研究提供重要的思想资源。但国外接受理论及动力相关研究是基于传播学、心理学的整体性研究，其建立在西方社会发展的实践基础之上，是其话语体系的理论呈现。因此，其接受动力理论的研究进展与我国社会发展实践需求并不存在直接的一一对应关系。这意味着在考察思想政治教育接受动力时，我们既要打开视野，关注、把握国外关于接受动力的相关研究进展，将思想政治教育接受动力置于宏观视野中加以考量；同时也要学会收紧闸口，对国外相关研究成果的评判与应用须立足思想政治教育接受动力的具体实际，在具体实践中吸收国外相关研究的有益滋养。

对国内相关研究的简要评析。在实践发展的基础上，国内不同学科的研究者日益把接受动力作为一个学术研究对象加以考量，并随着研究实践的进展，推进着多场域研究的协同联动，思想政治教育接受动力研究逐渐兴起并不断发展。自20世纪80年代以来，在诸多研究者的共同推动下，思想政治教育接受理论研究从无到有、从宏观到微观形成了一些基本的研究论域，初步建构了以思想政治教育接受内涵为核心的研究框架与理论谱系。通过对国内相关研究进展的梳理可以得出这样一个基本认知：接受动力既具有系统研究的重要意义，也彰显出深化探讨的研究必要。这种必要性主要表现为，其一，目前学界关于思想政治教育接受动力的专门性、系统性研究较少。在接受动力进入思想政治教育学科场域之初，对其展开的理论分析多作为思想政治教育接受研究的一部分存在，其多散见于整体性研究之中。目前，思想政治教育接受动力虽得到越来越多研究者的关注，但这种关注的增长速率与思想政治教育接受动力日益凸显的地位及其重要价值之间仍具有不平衡性。其二，就已有的思想政治教育接受动力研究而言，其研究重点多聚焦为本质内涵、影响因素、类型划分、存在问题及解决对策等方面的探讨，而关于思想政治教育接受动力如何生成、如何作用等方面述及较少。

这种状况一方面易使思想政治教育接受动力研究呈现零散性、碎片化倾向，从而对思想政治教育接受理论体系的整体性构建产生消极影响；另一方面也易导致思想政治教育理论创新与实践发展的不平衡，难以充分发挥理论对实践的导向引领功能。本研究以为，对动力的考察与把握需以接受动力要素与接受动力两个范畴的明晰为着力点，动力要素是动力生成的基础和前隐形态，但动力要素并不等同于动力，其需在接受活动中实现动力化方能对事物发展起到推动作用。无论是在学理分析维度，还是思想政治教育接受实效维度，接受动力要素向接受动力的转化均是其中的关键一环。鉴于此，本文在吸收已有研究成果的基础上，围绕思想政治教育接受动力的本质指向、要素构成、具体生成、作用效果、优化发展等进行纵向分析，以期在系统思维中深化对思想政治教育接受动力的理论把握。

三、研究目标、内容和关键问题

（一）研究目标

研究在明确何为思想政治教育接受动力的基础上，对其构成要素、动力生成、动力作用、动力优化进行探讨，旨在通过对思想政治教育接受动力构成—生成—作用—优化的纵向分析，对思想政治教育接受动力形成较为系统的理论认知，以进一步改进和提升思想政治教育的实效性。具体而言：

通过对学界关于接受动力内涵与外延研究的进展梳理与成果把握，确定思想政治教育接受动力的基本指向，在对接受动力本质的把握中透视动力要素的内涵、条件、分类，明确研究的分析框架。

在明晰思想政治教育接受动力要素构成的基础上，探讨各动力要素实现动力性转化的条件、过程、环节、形式等，助力探究思想政治教育接受动力的具体生成。

探讨研究思想政治教育接受动力的功能作用及其具体表征，在对接受动力作用的科学评价中着力探讨其优化路径，以此为基础，对思想政治教育接受动力的构成—生成—作用形成较为系统的理论把握。

（二）研究内容

第一部分：绪论。绪论部分着力梳理国内外围绕本主题开展的相关研究及其进展，在梳理、了解既有研究成果及其可深化空间的同时，明确研究的展开基础，并在现有研究的基础上明晰研究的重要意义与创新之处。

第二部分：思想政治教育接受动力概述。这一部分依照是什么—为什么—怎么样的分析思路构建思想政治教育接受动力的"初印象"，其着力探讨本选题的理论基础与知识依据，在明晰理论依据的基础上，界定思想政治教育接受动力的内涵与属性特征。

第三部分：思想政治教育接受动力要素分析。要素是事物的构成因子，也是分析研究事物的重要着力点。该部分在明确思想政治教育接受动力要素划分依据的前提下，从内在驱动要素和外在导向要素两个维度，探讨思想政治教育接受动力的具体要素。

第四部分：思想政治教育接受动力生成研究。动力生成部分着力分析内在驱力要素、外在导向要素的动力化，明晰思想政治教育接受内外动力要素的动力性转化，这也是本研究的难点所在。

第五部分：思想政治教育接受动力作用研究。该部分以功能与作用的相互关系为切入点探讨思想政治教育接受动力的功能作用及其具体表征，在明晰其作用表征的基础上，对接受动力的作用评价进行深入分析。

第六部分：思想政治教育接受动力的优化研究。思想政治教育接受动力的优化是本研究的逻辑节点。该部分着力探讨接受动力优化的科学把握、重要原则与具体举措，以深化思想政治教育接受动力优化的科学把握。

（三）解决的主要问题

研究立足于思想政治教育接受实践，通过构成—生成—作用—优化这一纵向分析脉络，尝试围绕思想政治教育接受动力如何构成、如何生成等问题进行探讨，并对如何更好地实现这些作用进行学理分析，以期深化把握思想政治教育接受动力的构成、生成与作用，为提升思想政治教育接受实效提供支撑。

四、研究方法及创新之处

（一）研究方法

1. 文献分析法

占有和分析相关文献资料是展开研究的重要基础。研究在收集接受、动力、接受动力、思想政治教育接受动力相关文献资料的前提下，梳理研究材料，把握研究现况。在此基础上，明确研究的着力点，并将文献研究观念贯穿于具体的研究过程，以使理论分析有来源，相关论点有支撑。

2. 跨学科研究法

跨学科研究方法的应用是思想政治教育接受动力研究的内在之义。接受动力这一范畴带有鲜明的多学科属性，思想政治教育接受动力研究不能局限于学科的一家之言。研究在坚持马克思主义指导地位的基础上，借鉴了传播学的受众理论、解释学的读者理论、接受美学等相关理论，以更为全面、深入地理解和透视接受主体的思想政治教育接受活动。

3. 系统分析法

思想政治教育接受动力的生成、作用等是一个复杂的系统过程，运用系统分析方法是全面、客观地考量思想政治教育接受动力的客观要求。在系统思维的指引下，本研究对思想政治教育接受动力的构成—生成—作用—优化进行纵向分析，将系统分析方法融入思想政治教育接受动力研究的全过程。

（二）研究的特色与创新之处

研究将思想政治教育接受动力置于学科理论体系的建构发展中加以考量，充分注重接受动力重要的理论和实践价值。研究思路的横切面可分为三个维度：在要素维度，着力从实践中抽离影响思想政治教育接受的动力因子，明晰其构成要件、具体内涵及类型划分等，推进动力要素理论认知的进一步深化；在作用维度，遵循功能—作用表征—作用评价的研究脉络，在明晰动力作用的生成和实现逻辑中深化思想政治教育接受动力具体作用的理论把握；在优化维度，分析探讨思想政治教育接受动力的优化举措与路径，明确其创新发展的具体指向。

　　研究在把握思想政治教育接受动力的具体内涵及构成要素的前提下，基于系统思维，从纵向维度开展研究，重点对思想政治教育接受动力的构成—生成—作用—优化等进行探讨，有助于在明晰是什么、如何存在等问题的前提下，对思想政治教育接受动力形成较为系统的理论认知。

第一章

思想政治教育接受动力概述

思想政治教育接受动力研究不是无源之水、无本之木，马克思主义理论及相关学科的理论成果为本研究提供了丰富的思想资源。同时，事物的内涵反映着事物的本质，界定了事物之所以为此物的基本规定性，内涵的明晰是正确认识事物本质及其发展规律的重要基础。因此，研究思想政治教育接受动力须以思想政治教育接受动力"是什么"为逻辑起点，把握其基本内涵与具体指向，为推进思想政治教育接受动力其他方面的分析探讨奠定坚实基础。从这一角度而言，厘清思想政治教育接受动力的相关概念是思想政治教育接受动力研究的应有之义。思想政治教育接受动力凸显出鲜明特征，这些特征与概念一起共同诠释着何为思想政治教育接受动力。

第一节 思想政治教育接受动力的理论基础与知识借鉴

对思想政治教育接受动力的分析探讨具有坚实的理论支撑与思想资源。其中，马克思主义理论是本研究展开的理论基础，其为思想政治教育接受动力研究提供着基本的遵循。同时，思想政治教育接受动力是一个关涉是什么、如何生成、如何作用等多种问题的复杂课题，这些问题的科学解答需在坚持马克思主义立场的基础上融合多学科理论，充分发挥其他学科相关研究成果的学科借鉴意义。

一、马克思主义理论基础

马克思主义是思想政治教育接受动力的理论基础，其中人的本质理论、人的需要理论、意识灌输理论、社会合力理论为本研究的具体展开提供了坚实的思想支撑。

（一）马克思主义人的本质理论

探讨人的类属性是马克思主义人学理论的重要构成。什么是人的本质指向，人的本质属性如何是一个重要的哲学命题，其在马克思主义产生之前已得到理论界的广泛关注并进行了相应探讨，但只有在马克思主义这里对其做出了科学的解答。在人的本质问题上，马克思主义阐明了人与动物的区别在于社会劳动，同时也明晰了社会关系构成了人与人的主要差别，从人与动物、人与人两个维度界定了人所以为人的质的规定性。在马克思主义理论体系中，人的本质理论内涵十分丰富，其集中体现为以下两方面：其一，马克思主义在社会关系中洞察人的本质。马克思主义将人的本质置于社会关系中予以考量，得出人的本质是一切社会关系的总和的重要论断，人是社会中的人，社会性构成了人的本质属性，人这一主体性存在总是处于各种社会关系之中的，不同的社会关系规定着不同的具体的人，社会关系诠释和彰显着人的本质规定性。其二，马克思主义从实践中考察人的本质。"一个种的整体特性、种的类特性就在于生命活动的性质。"① 人是现实中的人，实践构成了人的存

---

① 中共中央马克思恩格斯列宁斯大林著作编译局．马克思恩格斯选集：第 1 卷［M］．北京：人民出版社，2012：56.

在方式。同时，作为人的一种对象化活动，实践本身内蕴着变动性、发展性，这意味着人的本质也是不断发展变化的。因此，对具体的人本质的科学把握须建立在不断发展的实践基础之上。

马克思主义关于人的本质理论作为思想政治教育接受动力的理论基础主要表现为，一是从社会关系中考察思想政治教育接受动力。从一定程度上而言，思想政治教育接受是接受主体对接受主客体间的价值关系进行的价值判断与选择活动。在这一活动过程中，无论是接受主体抑或接受主体价值判断的做出均处于一定的社会关系网中，诸多社会关系的相互作用推动接受主体思想政治教育接受的实现，脱离特定社会关系的接受主体及其接受活动是一纸空谈。因此，对思想政治教育接受动力的探讨需从特定的社会关系背景中考察，把握其生成的社会基础与发展逻辑。二是要从实践中考察思想政治教育接受动力。实践是思想政治教育接受得以实现并不断向前推进的基本源泉和动力。实践的这种基础性作用主要体现为：一方面，思想政治教育接受动力的生成、发展是思想政治教育实践的产物，脱离一定实践的思想政治教育接受无异于纸上谈兵；另一方面，形成于实践基础上的动力因素对接受主体接受思想政治教育的作用程度如何也须回到具体的思想政治教育实践中加以检验、评判。鉴于此，立足实践、观照实践是科学把握思想政治教育接受动力的客观要求。

（二）马克思主义人的需要理论

需要理论是马克思主义关于人存在本质的重要论断，马克思主义从人的本质规定性入手研究人的需要，并对需要的本质、属性及其满足等进行了较为系统的阐述。具体而言，马克思主义需要理论主要包含以下几方面：其一，需要是人的存在本性。在马克思主义视域下，需要是人这一主体性存在的基本规定性，是人作为有意识、有目的类属性的重要表征。在马克思主义视域下，需要是人这一活动主体行动的最初动力，人的一切有目的的活动均为需要的满足，即对人的行为活动而言，需要具有本源性动力作用，一定行为背后蕴含着对某种或某些需要的追逐。其二，需要体现出层次性。在马克思看来，人是现实中的人，生活在不同社会关系中的人具有不同的需要，同时，这种多样性的需要在主体内部形成一定的需要系统，只有当某种需要得到满足后，其他方面需要满足的迫切性才会充分显现。人们对衣食住行的需求往往先于对宗教艺术等精神需要的生发，政治、文化、艺术等需要的生发建立在生存需要满足的基础上，人的需要呈现出生存需要、享受需要、发展需要顺序发展的层次性。其三，需要的满足是人的一种对象化活动。"他的欲望的对象是作为不依赖于他的对象而存在于他之外的。"[1] 需要表征着人的内在诉求，需要的满足则是主体的一种对象化活动。人的需要是在与外在世界发生对象化联系的过程中满足的，从这一角度而言，需要指向人的对象化实现过程。

马克思主义关于需要的相关论断为思想政治教育接受动力研究提供着理论滋养。一是接受主体的思想政治教育接受实践以满足需要为指向。在思想政治教育活动中，满足需要是个体思想政治教育接受实践发生的重要前提，正是在需要的作用下，接受主体生发出行动的愿望与动机，并在欲望和动机的刺激下产生相应的接受行为。因此，考量思想政治教育接受动力须不断深化把握主体需要这一核心要素。二是内蕴不同需求倾向的接受主体具有差异化的思想政治教育接受表现。实践生活中的接受主体是具有不同需求倾向的，在这种差异化需求倾向的作用下，接受主体对思想政治教育活动做出多样化的接受反应。当思想政治教育

---

① 中共中央马克思恩格斯列宁斯大林著作编译局. 马克思恩格斯文集：第 1 卷［M］. 北京：人民出版社，2009：209.

活动与接受主体需求相契合时，接受主体的接受反应趋向积极，相反，则趋向消极反馈。三是思想政治教育接受动力生发的重要着力点在于满足接受主体的需求与期待。需要之于人的基本规定性及对行为的规约性共同决定了思想政治教育接受动力的生成关键在于全面、正确地把握接受主体需要，把满足接受主体需要作为激发思想政治教育接受动力的重要着力点。

（三）马克思主义意识灌输理论

在意识形态问题上，马克思主义提出了意识灌输理论，其在马克思恩格斯及其后继者的理论探索和实践确证中逐渐形成一个较为完整的理论体系。马克思曾在《共产党宣言》中着重强调了教育引导无产阶级把握阶级对立的紧迫性，这里的教育即蕴含着对工人进行有意识的意识灌输之义。在继承马克思恩格斯灌输思想的基础上，列宁系统阐释了灌输理论。基于社会革命形势的发展，列宁对工人阶级开展斗争的自发性和自觉性进行了深入的分析，以辩证思维审视二者的关系并指出，初期阶段的工人阶级的革命斗争具有自发性的特点，这种自发性是工人阶级个人主体性与群体反抗意识的彰显，但革命斗争的深入推进必然要求这种自发性转化为斗争的自觉性。他在 1901 年的《怎么办？》一文中明确指出，工人阶级的社会民主主义意识不具有自发性，需要从外面灌输产生，进一步明晰了灌输对于工人阶级革命自觉意识形成的极端重要性。值得注意的是，在马克思主义视域下，灌输指向一种教育理念，不能用其取代具体的教育方法，填鸭式的盲塞硬灌从来都不是灌输的本来要义。相反，马克思主义灌输理论强调在灌输教育中要注重方式方法，要与灌输对象的自身体验相结合。如恩格斯告诫德国工人阶级先进分子在参加美国工人运动时，不能把革命理论教条式地硬灌给美国工人，而要由他们通过自身实践亲身体验，在体验的基础上推动革命理论入脑入心。列宁为此强调指出，"靠理论说服不了落后群众，他们需要的是亲身体验"。①

意识灌输理论对正确把握思想政治教育接受动力具有重要意义。其一，在思想政治教育接受活动中要坚定灌输理念。自有阶级的统治以来，意识形态阵地的争夺从来不是戏言。为此，在思想政治教育接受活动中需树立坚定的意识形态阵地意识，对接受主体开展针对性的灌输教育，推动其思想品德素养与社会发展要求的同构。其二，在思想政治教育接受活动中要注重灌输方法的灵活运用。灌输不是硬灌，要注重选取契合具体主体与教育环境的方式方法，注重方法的针对性与灵活性，不断改善和创新灌输方法，从而激发接受主体强烈的接受欲望和动机。

（四）马克思主义社会合力理论

社会发展动力问题是马克思主义理论体系中的重要课题。在持续不断的理论探索与革命实践中，马克思恩格斯等以唯物史观为依托提出了社会发展动力理论。这一理论体系系统回答了历史发展究竟由谁推动，社会发展的推动力有哪些具体样态以及诸多历史发展力量间的内在逻辑等课题，其内容包含社会发展的源动力：人类生活与发展需要；社会发展的根本动力：社会生产力与生产关系的矛盾运动；阶级社会发展的直接动力：阶级斗争；人类社会历史的火车头：社会革命等。社会动力理论是以人类优秀思想成果为基，在革命实践中形成的科学论断，为系统把握社会发展动力问题提供了基本遵循。其中，社会合力思想是恩格斯晚年在总结社会发展动力理论时，基于变化中的社会革命实践进行的理论创造。恩格斯认为，社会历史发展中存在着不同历史主体的多种作用力，社会历史发展是多种作用力交互运动形成的合力作用的结果。每一

---

① 列宁. 列宁全集：第39卷［M］. 北京：人民出版社，2017：246.

个体都在一定目的的指引下进行着自己的行为实践，而每一个体有目的的行为实践中蕴含着各种各样的力，这种合力本身即是历史。因此，历史发展从来不是单个人的单一作用力，而是多种作用力共同作用形成社会历史发展合力的客观必然。

在社会历史发展进程中，合力的形成至关重要，而针对各种不同的社会历史发展作用力如何交互运动形成发展合力这一问题，恩格斯指出，人们行为的最终结果总是产生于具有特定生活条件的单一行为意志的冲突与作用，"这样就有无数互相交错的力量，有无数个力的平行四边形，由此就产生出一个合力，即历史结果"①。个人的意志相互融合，形成一个总的合力，在力的平行四边形中表征着社会历史发展的合力。其中，每一个体的意志都是合力的来源因子，都对合力的形成起到了作用。但每一个体的意志以哪种方式融入，在何种程度上融入以及在何种程度上作用于总的合力的形成具有差异性，这种差异性从根本上来说生发于其与社会生产方式的具体矛盾。当两者矛盾运动方向趋向一致时，两者之间具有更高的融合度，从而推动其较大程度上参与合力的形成；相反，则会消解其在合力形成过程中的具体作用。社会合力理论对思想政治教育接受动力研究的指导意义集中体现为，在考察思想政治教育接受动力时，我们既要重视每一动力要素动力作用的形成与发挥，也要注重把握各要素之间的相互作用及其合力，全面、客观地审视思想政治教育接受的动力构成及其体系。

二、相关学科的知识借鉴

思想政治教育接受动力的理论依据不仅包括作为理论基础存在的马

---

① 中共中央马克思恩格斯列宁斯大林著作编译局 . 马克思恩格斯选集：第 4 卷 [M]. 北京：人民出版社，2012：605.

克思主义，同时，其他相关学科理论也为其提供着丰富的理论滋养。思想政治教育接受动力是促使接受主体积极地反映、选择、消化、吸收接受客体，并将其内化于心、外显于行的作用力的集合，这一过程既是思想政治教育信息、内容等接受客体的诠释、接受过程，也是其传播过程。因此，接受美学理论、解释学理论及传播学受众理论等对于全面、科学地把握思想政治教育接受动力具有重要意义。

（一）接受美学理论

接受美学是由德国文艺学学者姚斯提出的一个重要概念，其又被称为文学的接受和作用论或接受反映论。该理论认为，文学作品过程应当包含创作过程和阅读过程，文学作品的创作成册、出版发行并不代表文学生命过程的完结。在读者参与阅读之前，其只能被看作一种半成品。读者的阅读参与及其反映、反馈应当是文学研究的重点。因此，从读者出发，从接受出发是该理论的核心主张。同时，在接受美学理论体系中，"审美经验""期待视野""读者参与"等词反复出现，成为其理论阐述的关键词汇，构成了接受美学重要的理论范畴。

其一，文学作品的接受受读者审美经验的影响。作为一种主体性存在，读者是带着个体独特的审美经验面对文学作品的，这种审美经验是读者以往阅读接受实践所积淀的审美方式、审美形象、审美记忆等的总称。这种前结构式的审美经验对读者的阅读与接受具有重要影响。一般而言，当作品与个体自我审美经验相契合时，读者会形成更为积极的阅读接受倾向；相反，当作品与个体的审美经验相差甚远抑或相悖时，读者的阅读接受倾向则比较消极。其二，文学作品的接受受读者期待视野的影响。"期待视野"是接受美学中一个非常重要的概念。该理论认为，读者在真正地进入阅读过程之前，存在由个体以往的阅读实践经验等形成的视野指向和心理定向，其是读者对阅读接受的预先估计和期盼，包括文本期待、意向期待和意蕴期待三个不同的层次。具体而言，期待视野聚焦文学作品的创新性。当文学作品在读者的定向期待范围内时，其对读者的吸引力大打折扣；当文学作品符合读者的创新期待时，其一般具有较强的阅读吸引。其三，文学作品的价值体现并生成于读者的创造性参与。在接受美学视域下，一部完整的文学作品包括创作过程和阅读接受过程，文学作品不仅为读者而作，其价值实现也由读者参与才能真正体现。文学作品的生命力在于读者的积极参与，"文学价值的形成，需要读者的创造性劳动的直接参与"①。读者的这种创造性参与一方面表现为读者的阅读参与过程是赋予文学作品生命力的一个必不可少的阶段，另一方面表现为读者的阅读参与对文学作品的创作具有一定的推动作用。

　　接受美学围绕读者审美经验、期待视野的分析研究，围绕读者参与的系统探讨对深化把握思想政治教育接受动力具有重要的借鉴意义，一是思想政治教育要注重考量接受主体的审美经验与期待视野，契合接受主体发展需求与期待，激发思想政治教育接受的内生动力；二是在思想政治教育接受活动中，要充分注重主体自身的积极参与，在主体参与中推动接受积极性、主动性的生发。

　　（二）解释学理论

　　解释学又被称为释义学，是围绕文本本身展开的一门系统科学。在诸多研究者如德国哲学家弗里德里希·丹尼尔·恩斯特·施莱尔马赫、汉斯-格奥尔格·伽达默尔等人的推动下，解释学经历了从传统的神学释义学到近代解释学、现代解释学的发展演变。近代学者一般认为，作为一种理解的艺术，解释学是"理解任何陌生话语的理论和艺术论，

---

　　① 胡木贵. 接受学导论 [M]. 沈阳：辽宁教育出版社，1989：87.

因而它也主要地并且特殊地包括神学解释学和语文解释学"①。在解释学视域下，文本是可解读、可诠释的对象，并且这种解读诠释性依据解读主体的不同呈现出差异性。解释学在漫长的发展历程中构建起内涵十分丰富的理论体系，其中的视域融合及循环理论对思想政治教育接受动力研究具有突出的启示意义。

其一，视域融合理论。视域融合理论认为，人们对文本的理解在本质上是一种视域融合，是理解主体视域同文本本身视域相互融合的结果。因此，理解主体对文本的理解不是简单的理解主体对文本这一解读客体的认识活动，而是主体与客体视域交互融合的过程，文本的价值在这一视域融合过程中得以彰显。同时，汉斯-格奥尔格·伽达默尔指出，在文本理解中存在一种效果历史因素，即理解视域是在历史中形成的，也是在历史中发展演进的。不同理解主体之间存在着一定的历史间距，不同理解主体总是从特定历史状态下的自身视域出发去理解文本，因此，文本理解中的视域融合也内蕴理解主体当前视域同过去视域的融合之义。其二，解释学循环理论。循环理论是解释学中的重要理论构成，该理论认为文本的理解具有循环属性，这种循环是理解者和被理解者间的交互作用，在文本理解中是一种必然如此的趋向。在文本理解循环的具体指向方面，随着解释学的演进，在不同的学者那里具有不同的内涵呈现。如文本理解循环最初诠释为整体与部分的循环，即在文本理解过程中，理解整体与理解部分互为支撑，两者构成一个循环过程。弗里德里希·丹尼尔·恩斯特·施莱尔马赫将这种整体与部分间的循环深化为主观和客观两方面的循环即心理解释的循环与语法解释的循环。马丁·海德格尔则从解释与"先理解"的关系中去把握这种循环。他认

---

① 海德格尔.存在论（实际性的解释学）［M］.何卫平，译.北京：商务印书馆，2016：18.

为，文本解释与理解主体所具有的"先理解"密切相关，人们总是在自身一定的意义期待中理解文本，这种先在的意义期待构成了理解主体的"先理解"，解释存在于先理解之中。从理解主体的先理解到文本解释是一个循环过程。在此基础上，汉斯-格奥尔格·伽达默尔提出了"完满性的先把握"概念，他强调鉴于文本理解循环的不可避免，在面对文本时应首先假设它实现了完全性的真理和一定意义的完全性统一，只有这样文本才是可理解的。

在解释学视域下，思想政治教育接受关涉主体对相应文本、信息等的理解，这一理解过程是接受主体与接受客体的视域融合过程，其内含多种形式的理解循环。思想政治教育接受动力的激发与接受过程中视域融合与循环理论的具体运用密切相关。

（三）传播学受众理论

在传播学视域下，受众是一个完整信息传播过程的核心要素和环节，有学者指出，受众之于信息传播过程而言具有基础性意义，其既是目的地，也是关键环节。[①] 因此，围绕受众展开研究是传播学中极其重要的一个研究方向，以受众为具体研究对象，形成了系统的理论体系。从受众接受传播信息与接受主体接受思想政治教育信息、内容等接受客体的同构性出发，个体差异论、社会关系论、满足需要论等受众理论对深化把握思想政治教育接受动力具有重要意义。

其一，个体差异论。个体差异论聚焦不同受众个体的具体差异对受众接受传播信息的影响。其主要从心理学的角度入手，分析探讨不同受众在信息传播过程中，个体特定的心理构成及其认知结构对信息接受的重要作用。该理论认为，信息传播过程是信息传送过程与受众接受过程

---

① 邵培仁. 传播学导论 [M]. 杭州：杭州大学出版社，1997：307.

的统一。在信息传播过程中，不同信息受众因各自生活环境及过往经验等的不同，其在心理认知方面呈现出个性化特点。就受众对传播信息的"刺激—反应"而言，这些个性化的心理认知对其具有直接影响。其二，社会关系论。该理论以社会学为基础，通过对传播受众进行社会学分析认为，处于不同社会关系中的受众对一定传播信息的接受是有差异的。对信息受众而言，其生活于具体而现实的社会关系网中，这种社会关系网对信息传播具有过滤的二次传播作用。即受众个体接收到的传播信息往往不是传播媒介直接输送而来的原始信息，而是经过受众特定社会生活圈反馈的过滤性信息。受众社会关系对信息的二次传播性，不仅影响信息传播的内容，同时也作用于受众个体对传播信息的具体反应。其三，满足需要论。满足需要论认为，满足自我需要是受众接受传播信息的重要旨归。在信息传播过程中，作为一种主体性存在，受众不是机械的、被动的，而是能动地、灵活地依据自身内在发展需要与诉求对传播信息做出选择与反馈。受众的自我需要是影响受众个体以什么样的态度对传播信息做出反馈以及在何种程度上对传播信息进行积极反馈的关键因素。因此，在信息传播过程中，不同受众基于个体的自我需要，同一受众个体基于自我在不同发展阶段的需要对传播信息做出是否接受以及在何种程度上接受的自主选择。

将思想政治教育接受置于信息传播场域中来看，接受过程即是主体在一定动力作用下传播信息、接受信息的过程，个体差异论、社会关系论、满足需要论等传播学受众理论对思想政治教育接受动力研究的借鉴价值凸显：接受主体动力的生发、刺激，接受实效的提高要注重接受主体的个体化差异，把握接受主体个性化的心理认知特征；要注重剖析主体的社会关系网，将其置于社会关系中加以考量；要着力分析主体的接受需要，在需要的满足中推动接受动力的生成。

第二节　思想政治教育接受动力相关概念解析

在理论探讨和实践活动中，概念的明晰是认知事物、把握其本质内涵与发展规律的重要前提。思想政治教育接受动力是产生于具体的实践活动，具有特定内涵的学科概念，这一概念的科学把握内在要求对其进行分解剖析，从这一特定概念范畴各组成部分的相互区别与联系中明晰其内涵与外延。

一、接受与思想政治教育接受

"接受""思想政治教育接受"既是学科的重要范畴，也是"思想政治教育接受动力"这一学科范畴的基础性构成，对二者的分析探讨可为思想政治教育接受动力研究奠定逻辑前提。

（一）接受

在历史发展的长河中，接受活动由来已久，但直到进入现代社会以后，接受才作为一种研究对象进入学术视野。西方学者从释义学、美学、传播学等多种学科视角对接受开展了广泛研究，形成了较为丰富的理论认识成果。从词源含义上来看，接受一般被解读为接纳、赞成、认可、认同。就词性而言，接受既可作为名词使用，也可作为动词存在。国内学者对接受较早的系统性理论认知集中体现为接受指向"思想文化客体及其体认者相互关系"①，根据这一思路，进一步将这种关系概括为语言符号表征的主客体间的认识论关系和实践关系。这一界定从学

---

① 胡木贵，郑雪辉. 接受学导论［M］. 沈阳：辽宁教育出版社，1989：1.

理上奠定了接受研究的最初框架，为接受理论的系统探讨提供了基础，但该定义将接受客体窄化为"语言象征符合表征出来的思想文化"，同时将思想文化客体接受理解为思想文化客体的接受过程，体现出一定的局限性。在此基础上，有研究者指出，接受活动是分析探讨接受"如何从理论到实践的活动"① 道德接受包含道德教育信息的"传递过程和接受过程"② 等，从而将接受活动由接受主体接受理论延伸至外化行为，将信息的传递过程纳入接受活动中加以考量。因此，有研究指出，接受是"在思想文化信息传递者的传导下，接受者出于自身需要，通过接受中介和自身已有的接受能力对思想文化信息进行反映、认识、理解以及行为选择与表现的过程"③，这将接受诠释为信息传递者参与下，接受主体内化思想文化信息并将其外化为相应行为表现的活动过程。

　　基于接受的相关研究进展与成果，科学把握接受的本质内涵需要考量以下几点：其一，接受表征着一种主观意愿。作为一种主体性行为，接受是接受主体在一定外界刺激影响下对接受客体的一种积极反应，是主体内心认可、接纳接受客体的现实呈现，这种内心的认可与认同是主体积极接受的预演。其二，接受是静态结果与动态过程的统一。如前所言，接受可做名词性存在解读，名词意义上的接受，指向一种状态和结果；同时，接受也可做动词性存在理解，动词层面的接受反映着一种关系和过程。这种动静兼有的属性在接受活动中表现为接受既可指代接受结果，也可表征接受过程，是静态结果和动态过程的有机统一。其三，接受系统是信息传递过程与接受过程的统一。从系统的角度来看，接受系统既包含以接受主体为核心的接受过程，也包含以信息传递者为核心

① 吴刚．接受认识论引论［M］．北京：北京大学出版社，1998：4.
② 张琼，马尽举．道德接受论［M］．北京：中国社会科学出版社，1994：61.
③ 赵继伟．马克思主义意识形态接受论［M］．武汉：武汉大学出版社，2009：24.

的传递过程，后者是前者发生的重要基础，前者构成后者的目标指向，信息传递者、接受主体、待传递信息等统一于接受系统。

　　（二）思想政治教育接受

　　接受在思想政治教育维度的具体展开构成了思想政治教育接受。值得注意的是，不可将思想政治教育接受简单化为"接受"和"思想政治教育"的堆砌。对思想政治教育接受的理解和把握应着眼于接受与思想政治教育本质内涵的耦合。思想政治教育是一种内蕴着鲜明思想涵养与实践指向的教育活动，这种理论与实践指向在课程维度上具体表现为，"作为落实立德树人根本任务的关键课程，思想政治理论课在强调理论传授的同时，凸显行为指导意蕴，致力于培养既具有马克思主义理论素养，又具有创新发展实践能力的有用人才"①。因此，相较于一般意义上的接受而言，思想政治教育接受更加注重接受主体由内化思想到外化行为的转化，更加凸显接受的活动属性。伴随研究实践的不断深化，接受研究逐渐进入思想政治教育学科领域，成为诸多研究者共同关注的重要命题。如有研究者从内化角度出发将思想政治教育接受界定为接受主体在外界环境的作用下，对"社会有控影响的积极反应"② 这一界定强调了接受是主体充分发挥主体性吸纳教育影响的过程，这对于思想政治教育接受的科学把握具有重要指向性意义。在此基础上，有研究者强调思想政治教育接受的结果呈现为"内化的精神和外化的行为"③ 接受过程内在包含、整合吸收与外化践行两个环节，是内化与外化的融合。《现代思想政治教育学》把思想政治教育接受概括为接受主体对接

---

① 张欣. 把握思想政治理论课理论性与实践性相统一的深刻内涵［J］. 学校党建与思想教育，2019（7）：39.
② 邱柏生. 思想教育接受学［M］. 太原：山西人民出版社，1992：3.
③ 王敏. 思想政治教育接受论［M］. 武汉：湖北人民出版社，2002：33.

受客体的"反映、选择、整合、内化、外化"等诸多要素构成的复杂活动，并从思想政治教育价值实现的角度指出，思想政治教育价值之所以难以实现，在于"教育者"与"接受者"两个考量角度不同。[1] 这一论断在一定程度上明晰了思想政治教育接受的本质内涵，获得了较多认可。

虽然目前学界关于何为思想政治教育接受尚未形成共识，但研究者围绕思想政治教育接受开展的多视角、多维度研究为进一步深化相关研究创设了良好基础，为思想政治教育接受动力本质及规律的把握与运用提供了丰富的理论资源。结合学界已有研究成果，对思想政治教育接受动力的理解和把握应注重以下两方面：其一，思想政治教育接受内蕴内化与外化的有机结合。内化意味着主体性的充分实现，也即主体将思想政治教育信息、内容等纳入自我思想品德系统，成为其构成的一部分，更体现为接受主体将这种内化后的接受客体外显为一定的行为表现，并在此基础上塑养行为习惯。其二，思想政治教育接受内蕴主体与客体的相互作用。接受主体与客体构成了思想政治教育接受活动的主要范畴，思想政治教育接受正是在两者的交互作用中不断深化发展，从这一角度而言，接受是主客体间的双向互动过程。

二、动力与思想政治教育动力

从动力构成的视角来看，"动力""思想政治教育动力"是科学认知思想政治教育接受动力的内在之义，对思想政治教育接受动力的理解和把握需建立在明晰动力相关内涵的基础之上。

---

[1] 张耀灿，郑永廷，吴潜涛，等．现代思想政治教育学［M］．北京：人民出版社，2006：191.

（一）动力

动力一词在日常生活中并不少见，我们经常可以遇到它在不同语境下的具体使用。就学术意义而言，动力也是一个使用范围较为广泛的跨学科性的概念范畴。从词源上来看，动力最初是物理学中的学科话语，指代作用于物体的力。作为一个合成词，动力是"动"与"力"本质含义的内在融合。一般而言，"动"与"静"相对，表征着事物空间距离或者发展状态的变化。"力"泛指引起事物变更的各种作用力，这里的变更既包括事物存在状态、呈现形式的变化，也包括事物运动方向的变更。因此，"动力"一词具体包含两层含义：一是物理学层面的动力本意，即作为一种机械作用力而存在。二是社会学层面的动力喻义，即对事物发展起促进作用的推动力。随着实践的发展，动力这一范畴早已突破学科界限，广泛地应用于社会学、教育学、心理学等多学科场域，延展出多种具体的学科内涵。

从研究层面来看，关于何为动力的探索活动早已有之，在马克思主义诞生之前，西方古代智者及近现代认知学派、人本主义学派、康德等唯意志论者均对动力问题进行了较为深入的思考。如西格蒙德·弗洛伊德在建构精神分析理论的基础上提出了"本能动力"这一概念，并指出所谓本能是"使心理活动起来的需求能量"[①] 在一定程度上回答了精神动力的具体生成问题，但其并未科学解答人这一主体动力的存在逻辑及其发展规律。这一状况持续到马克思主义的诞生才得以根本改观。马克思主义经典作家对动力问题尤其是人的精神动力做出了系统阐述，马克思指出，理论在达至群众、掌握群众时，会转化为一种物质力量。恩格斯重视思想、感觉、情感等精神因素的动力作用，明确提出了精神动

---

① 韦纳. 人类动机：比喻、理论和研究 [M]. 孙煜明，译. 杭州：浙江教育出版社，1999：34.

力这一概念，并进行了系统阐释。列宁在革命实践发展的基础上，尤为注重共产主义对于无产阶级的推动作用，提出了"理想动力"的概念，从理论上明确了共产主义理想信念对于无产阶级革命运动的推动作用。随着现代科学的推进，有学者对精神动力开展了专门研究，指出精神动力是"思想、理论、理想、信念、道德、情感、意志等精神因素对人从事的一切活动及社会发展产生的精神推动力量"①。这一界定进一步廓清了精神动力的内涵指向，为科学把握精神动力的本质及其规律奠定了重要基础。通过以上对动力词源及其学术诠释的简要梳理，本研究认为动力是在实践基础上对人的活动和社会发展起推动作用的力量合集，这意味着动力具有方向性，只有推动人的活动与社会实践向前发展的作用力才构成事物发展的动力。

（二）思想政治教育动力

随着动力范畴跨学科发展进程的推进，部分思想政治教育学科研究者积极寻求动力与在学科场域内的具体应用，探索"动力"与"思想政治教育"两个范畴的相互融合，并对融合的价值意义、载体形式、方法路径等进行了深入分析。如围绕思想政治教育动力的功能作用，冯刚教授指出，"探索思想政治教育的创新发展，须寻找其前进发展的内生动力，实现思想政治教育的内涵式发展和遵循规律的良性发展"②，为科学把握思想政治教育动力的重要性指明了方向。关于思想政治教育动力的来源及构成，张耀灿等专家学者主张，思想政治教育的深化发展，不仅与其特定的矛盾运动及时空环境有关，同时与中华优秀传统文

---

① 骆郁廷. 精神动力论［M］. 武汉：武汉大学出版社，2003：16-17.
② 冯刚. 探索思想政治教育发展的内生动力［M］. 北京：人民出版社，2017：1.

化、西方思想政治教育实践等密切相关①，这一界定对于深化思想政治教育动力构成及内容研究具有积极作用。此外，在思想政治教育动力的具体内涵与构成来源方面，研究者多从矛盾、需要、系统论等入手来展开探讨，将思想政治教育动力视为作用于思想政治教育活动的推动力量及其相互作用形成的合力。

思想政治教育动力是思想政治教育学科的重要范畴，动力研究是诸多研究者共同关注的研究热点。目前学界对思想政治教育动力的相关研究呈现出如下特点：其一，思想政治教育动力具有普遍性、客观性。尽管目前诸多研究者在思想政治教育动力是什么、其以什么形式存在及如何实现发展等议题上各执己见，但思想政治教育动力作为一种客观的、普遍的存在得到了较为广泛的共识。即多数研究者认同确实存在一定的作用力对思想政治教育接受产生程度不一的影响，在这种作用力的影响下，思想政治教育得以持续推进。其二，关于思想政治教育动力的内涵把握尚未实现统一。在承认思想政治教育动力客观普遍存在的前提下，研究者围绕思想政治教育动力开展不同视角、不同层面的分析研究，目前不同分析视角下的研究结论同时并存，因此，具体研究仍处于寻求广泛共识的阶段。这一阶段既表征着思想政治教育动力研究的多样性、复杂性，也为进一步深化相关研究提供了丰富的理论准备。

三、思想政治教育接受动力

对何为思想政治教育接受动力的解答是开展相关研究始终绕不开的核心课题，思想政治教育接受动力关涉本质的把握、内涵的明晰、研究

---

① 张耀灿，郑永廷，吴潜涛，等．现代思想政治教育学［M］．北京：人民出版社，2006：69.

边界的界定，关涉研究基础的科学厘定与研究图景的创设。在实践不断深化的基础上，思想政治教育接受动力研究得到越来越多学者的关注，并在研究实践中不断深化思想政治教育接受动力的理论认知与实践把握。如有学者系统分析了道德接受活动的动力构成，并将其以主体道德需要和社会道德需要为依据划分为"内在动力系统和外在动力系统"①，这一界定凸显了需要对于激发思想政治教育接受动力的重要意义，同时也为思想政治教育接受动力的具体分类提供了有益思路。在此基础上，有研究者对思想政治教育接受主体动力进行了专门探讨，强调外在因素的刺激、主体内在的矛盾运动是接受主体动力的主要来源，并依据其与接受主体的关系将其划分为内在主动力和外在被动力两种类型，其中，外在被动力聚焦社会需要展开，而内在主动力则以主体自身需要为中心。② 并围绕接受主体动力的特征、结构、功能等进行了系统研究。此外，研究者们还从本质内涵、内容构成、系统逻辑等维度对思想政治教育接受动力展开探讨，形成了接受动力的初步研究图景。通过对目前学界相关研究的梳理、总结不难发现，与思想政治教育动力相似，思想政治教育接受动力的存在也是客观的、普遍的，思想政治教育接受是在一定作用力的推动下发生的，对这种推动力的科学把握关乎接受动力的具体生成与作用，关乎接受程度的具体实现。

在学习把握学界现有成果的基础上，本文对思想政治教育接受动力做如下解读：思想政治教育接受动力是引起、激发接受主体对思想政治教育接受客体进行积极的反映、选择、消化、吸收，将其内化为自身的思想道德素质，外化为相应的思想品德行为，并形成稳定的行为习惯的

---

① 张琼，马尽举. 道德接受论 [M]. 北京：中国社会科学出版社，1995：67.

② 刘居安. 思想政治教育接受主体动力问题探析 [J]. 马克思主义与现实，2004 (4)：106.

推动力。在这里，思想政治教育接受动力具有两方面突出特征：一是考量思想政治教育接受动力的关键在于对接受主体的科学把握。接受主体之于接受活动的重要意义不言而喻，其既是整个接受活动的主体性构成，同时也通过自身主体性的发挥对接受客体产生能动影响，可以说，接受主体是接受过程中最为活跃的主体性构成。从这一角度而言，思想政治教育接受动力的激发与作用均无法脱离接受主体这一关键要素。二是思想政治教育接受是内化与外化的统一，思想政治教育接受动力既指代内化过程中的动力，也表征外化过程中的动力。从内涵构成上来说，思想政治教育接受动力是接受、动力及思想政治教育在不同维度、不同层面的耦合，对其把握应注重从以下三个维度来考量：其一，在"动力"和"思想政治教育接受"维度，思想政治教育接受动力是动力作用与思想政治教育接受效果的交互融合。其二，在"接受"与"思想政治教育动力"维度，思想政治教育接受动力是接受效果与思想政治教育动力作用的交互融合。其三，在"思想政治教育"与"接受动力"维度，思想政治教育接受动力是思想政治教育学科场域与接受动力功能的交互融合。从理论上对思想政治教育接受动力进行分解有助于更为全面地把握其内涵，在现实语境下，思想政治教育接受动力往往是三个层面的交互融合。

在信息论视域下，作为系统存在的思想政治教育接受是由两个主体核心构成的完整体系，这两个主体系统分别是围绕教育主体展开的信息传递系统和围绕接受主体展开的信息接收系统。因此，对思想政治教育接受动力的科学把握不仅依赖于接受、动力、思想政治教育等相关概念的拆解剖析，同时也不能脱离接受主体、接受客体等核心范畴的正确厘定。鉴于此，有必要在这里对三者做一简要界定，以为后续探讨廓清边界。

其一，教育主体。思想政治教育接受系统中的教育主体是指在思想政治教育接受活动中以传递思想政治教育信息、内容等接受客体为职责的主体性存在，其既包括单一个体，也可指代一定的群团组织。如前所言，作为主要的主体性构成，教育主体是思想政治教育接受过程的核心范畴，其主体性的发挥及其实现程度关涉思想政治教育接受的顺利实现。教育主体之于思想政治教育接受具有前置性意义，脱离教育主体有目的的教育影响，思想政治教育接受的现实根基将从本源性上予以消解。因此，对教育主体及其地位的科学把握是深入考量思想政治教育接受的题中之义。

其二，接受主体。接受主体的主体存在性主要是相对于思想政治教育信息、内容等接受客体的接受而言的。作为思想政治教育接受活动的另一主要主体性构成，接受主体是接受活动的主要物质承担者和接受效果的直接呈现者。从主体归属性上来说，思想政治教育接受最终要落脚于接受主体的接受活动，接受主体规定了思想政治教育接受活动的主体属性。因此，就思想政治教育接受而言，接受主体既具有突出的重要性，也凸显出相当的必要性。脱离接受主体的思想政治教育接受既无意义，也无存在根据。

其三，接受客体。接受客体指向思想政治教育接受对象，其集中表现为思想政治教育的信息、内容等，是教育主体教育内容与接受主体接受对象的统一。因此，接受客体在思想政治教育接受活动两个主要的主体性构成要素之间起着联结作用，是教育主体与接受主体交互作用的中介。在思想政治教育接受实践活动中，伴随接受主体内化与外化的逐渐推进，接受客体的存在形式发生着由观念构成向行为呈现的转换。需要指出的是，这种转换并没有消解接受客体，而是接受客体存在于思想政治教育接受活动全程的一种现实表征。

　　值得注意的是，这里对教育主体与接受主体的界定是相对的。一方面，教育主体与接受主体的所指具有条件性。一般而言，教育者与受教育者是思想政治教育活动的两大主体构成。就一个具体的、确定的思想政治教育过程来讲，教育者是传递思想政治教育信息、内容的一方，是教育主体范畴；受教育者是接受思想政治教育信息、内容的一方，属于接受主体范畴，但这种划分不具有绝对性。当教育者在传输一定思想政治教育信息、内容前率先接受相应教育时，其即为接受主体；当受教育者在思想政治教育实践中进行自我教育时，其即为教育主体。另一方面，教育主体与接受主体在一定条件下相互转化。在思想政治教育接受活动中，当教育主体率先接受教育时，其即转化为接受主体；当接受主体进行自我教育活动时，其本身即转化为教育主体。因此，对教育主体与接受主体的把握与界定是具体的、有条件的，教育主体与接受主体是具体思想政治教育接受活动中的教育主体与接受主体。

第三节　思想政治教育接受动力的特征

　　特征是事物本质的另一种外显，认识和把握事物的特征是揭示和理解事物本质内涵的内在要求。思想政治教育接受动力在思想政治教育接受实践中形成、发展与作用，并在这一过程中彰显着其特有的属性特征。正是在概念和特征的共同诠释下，思想政治教育接受动力的本质规定性逐渐明晰。思想政治教育接受实践中的动力表现出广适性与指向性、原初性与生长性、阶段性与持久性、多样性与集合性相统一的具体特征。

一、广适性与指向性相统一

作为一种推动作用力，思想政治教育接受动力具有广适性和指向性，其贯穿于思想政治教育接受活动过程，并在接受主体的思想政治教育接受实践中实现着统一。

思想政治教育接受动力的广适性是指在思想政治教育接受活动中，存在对接受主体具有普遍推动作用的动力要素，这些动力要素的动力性不因接受主体的不同而呈现差异，具有一定的稳定性与普遍适应性。从人的本质属性来看，接受动力的广适性是主体社会性在思想政治教育接受实践中的具体反映。在马克思主义视域下，人这一主体性存在是处于一定社会关系之中的，社会性是接受主体的本质属性。如此，带有社会属性的接受主体在追寻生存与发展的过程中必然在一定程度上反映着社会发展需要与诉求，这些需要与诉求具有共通性和普遍性。在思想政治教育接受实践活动中对这些共通性、普遍性需要的满足有助于激发接受主体的思想政治教育接受动力。如爱国是中华民族长久以来的价值追求与情感诉求，是不同社会成员共同的价值取向，爱国诉求的满足对民族、国家、社会、个体发展而言均具有突出的动力作用，这种动力即具有广适性特征。

思想政治教育接受动力的指向性是指在思想政治教育接受实践活动中，思想政治教育接受动力是具体的、个体化的，对不同的接受主体而言，思想政治教育接受动力要素的具体构成及其作用实现是有差异的，思想政治教育接受动力表现出指向性特征。思想政治教育接受动力的指向性源于接受主体的个体属性。在马克思主义视域下，人是社会关系中的人，同时也是带有个体属性的具体存在。这种具体存在中的个体具有自我个性化的需要与特点，这意味着对不同的思想政治教育接受主体而言，接受动力的具体构成及各构成要素的地位作用并不总是相同的。如有的接受主体倾向于追求自我发展，当思想政治教育信息或内容等接受客体契合这种自我发展期望与诉求时，可促使接受主体生发强烈的接受欲望与动机。有的接受主体倾向于将自我的价值判断作为相应行为的主要依据，当主体的价值判断趋向积极时，其具有较强烈的接受动力；相反，主体接受动力的生发将受到阻碍。鉴于此，对思想政治教育接受动力的把握与考量不能大而化之，笼而统之，要聚焦接受主体具体的需要与特点，在把握个体多样化、具体化的需求和特点中激发其思想政治教育接受动力。

广适性与指向性统一于思想政治教育接受活动。由上可知，广适性和指向性具有各自特定的内涵，两者共同诠释着思想政治教育接受动力的属性特征，是接受动力属性特征在不同场域和语境下的具体呈现。在思想政治教育接受实践活动中，广适性是相对于指向性而言的，指向性也是在广适性的比较话语下存在的，两者相互依存、相互支撑，共同表征着思想政治教育接受动力的特征属性。思想政治教育接受动力是广适性和指向性的有机统一。脱离思想政治教育接受动力的指向性探讨其广适性，易导致思想政治教育接受动力的泛化；脱离思想政治教育接受动力的广适性分析其指向性，易引起思想政治教育接受动力研究出现只见树木不见森林的倾向。因此，广适性与指向性的统一也是科学把握思想政治教育接受动力的客观要求。

二、原初性与生长性相统一

所谓原初性是指接受主体在最初面对接受客体时，在某种或多种动力因素的作用下生发出的思想政治教育接受动力，这种动力是接受主体接触接受客体产生的最初动力，体现出原初性。接受动力的原初性是接受主体和思想政治教育接受动力要素交互作用的最初呈现。值得注意的是，接受主体之间动力要素的具体差异并不否定接受动力的原初性。在思想政治教育接受活动中，接受主体在面对一定接受客体时，会在某种或多种动力要素的作用下形成或多或少、或强或弱的接受动力，原初性是不同强烈程度接受动力的共同属性。接受动力的原初性反映着接受主体对思想政治教育接受的最初态度与倾向，其关乎接受主体对接受客体的初印象，是主体接受思想政治教育的最初动力来源。

思想政治教育接受动力的生长性是指思想政治教育接受动力在思想政治教育接受活动中不是一蹴而就、一成不变的，而是可发展、可变化的，这种发展变化性即是思想政治教育接受动力的生长性。接受动力的生长性是在思想政治教育接受实践发展和接受主体发展的共同作用下产生的。一方面，思想政治教育接受实践本身是蕴含着发展变化属性的一种活动过程，实践发展背后是思想政治教育接受矛盾、接受环境以及满足需要的方式方法等的演进，而这些接受动力构成要素自身的发展必然推进思想政治教育接受动力的发展变化；另一方面，作为实践基础上的主体性存在，接受主体是处于发展变化之中的，这意味着接受主体的需要、情感倾向、价值判断等也是不断变化的，以此为构成要素的思想政治教育接受动力也非静止不变，而是随之发展演进的。

原初性与生长性统一于思想政治教育接受活动。在思想政治教育接受活动中，思想政治教育接受动力既具有原初性，也具有生长性，是原初性和生长性具体的历史的统一。对思想政治教育接受动力而言，原初性与生长性是一个属性的两方面，既不可偏废其一，也不可模糊对待，两者相互作用，相互支撑。具体而言，接受动力的原初性是其生长性的前提准备，接受主体面对接受客体生发出的最初动力是思想政治教育接受动力在实践中发展变化的重要基础。同时，接受动力的生长性是其原初性的深化指向，思想政治教育实践及接受主体的发展属性推动着思想政治教育接受动力不断发展变化。

三、阶段性与持久性相统一

思想政治教育接受动力的阶段性是指思想政治教育接受动力是特定条件下动力要素相互作用的产物，其动力作用也是在一定条件下实现的，思想政治教育接受动力及其动力作用随实践条件的变化而不断变化，体现出阶段性特征。接受动力的阶段性具体包含两层含义：一是接受动力具有阶段性。思想政治教育接受动力既非臆想而出，也非一拍即成，其生成于接受实践与现实条件的基础之上。思想政治教育接受实践及现实条件如接受环境、接受时间等的变化意味着接受动力现实基础的转变，当这种转变与接受主体思想政治教育接受的具体要求相契合时，易推动接受主体生发出较为强烈的思想政治教育接受动机。相反，则不能构成相应的思想政治教育接受动力。因此，在思想政治教育接受活动中，某一时期、某一阶段的动力不等于其他时期、其他阶段的动力，也不能用其来指代思想政治教育接受动力。二是动力作用的实现具有阶段性。思想政治教育接受动力要素是在特定条件下实现其动力作用的，当缺乏现实条件支撑或条件发生变化时，接受动力作用的实现也将受阻或发生相应转变。

思想政治教育接受动力的持久性是指在思想政治教育接受实践活动中，存在对接受主体具有持续性推动作用的动力要素，这些动力要素形成的推动力可长久地作用于接受主体，其动力作用具有突出的持久性。有学者强调，精神动力具有一定的持续性，其对人的活动具有持久推动作用。① 接受动力的持久性主要表现为，一方面，部分接受动力具有稳定性。一般而言，在思想政治教育接受实践活动中，那些反映着社会发展倾向与共同价值诉求的动力要素具有较强的稳定性，具体环境等微观条件的变化不会从根本上改变其存在基础，它们可形成影响思想政治教育接受的稳定动力。另一方面，接受动力的作用具有持续性。在思想政治教育接受动力形成的基础上，其动力影响具有可持续性倾向。对具体的接受主体而言，某些动力因素并不因其反复作用而消解其动力力量，其作用也不随时间的流逝、环境的变化而消减。

阶段性和持久性统一于思想政治教育接受活动。通过上述阶段性和持久性内涵的梳理可知，思想政治教育接受动力的阶段性侧重接受动力生成与实现条件的注解，而思想政治教育接受动力的持久性强调动力作用的时间维度，两者具有不同的内涵指向与侧重点，其在思想政治教育接受活动中相互补充，共同推动接受动力的不断生发与作用。需特别指出的是，阶段性与持久性不具有互斥性，不能用其中一个的存在性否定另一个的合理性，只有将阶段性与持久性统一于思想政治教育接受活动中加以统筹考量，才能全面、完整地理解和把握思想政治教育接受动力的本质特征。

四、多样性与集合性相统一

多样性是指在一个具体的思想政治教育接受活动中，思想政治教育接受动力往往不是单一的、同质的，而是多个动力要素形成的诸多接受动力同时存在的力量集，即思想政治教育接受动力具有复杂性、多样性，这种多样性与动力要素的复杂性密切相关。总体而言，接受动力要

---

① 骆郁廷. 精神动力论［M］. 武汉：武汉大学出版社，2003：22.

素极其丰富而又复杂，其丰富性表现为对思想政治教育接受起到推动作用的要素多种多样，同时其在接受实践中又不断拓展；其复杂性表现为就不同的接受主体而言，各动力要素的地位、作用、表现形式、相互关系等不尽相同，可以说对每一接受主体而言，接受动力要素都凸显着接受主体的个体化诉求与特征。这种个性化的接受动力要素在思想政治教育接受实践中转化为相应的接受动力。因此，接受动力的多样性是接受动力要素多样性的客观趋向。同时，多样化的接受动力也意味着思想政治教育接受动力的类型、特点等具有丰富多样性。

所谓集合性是指在多样化的思想政治教育接受动力要素中，各接受动力要素交互作用形成接受合力，这种合力具有集成性、集合性，是各接受动力要素相互作用的结果。如前所述，思想政治教育接受实践中存在多种动力要素转化而成的接受动力，这些动力的作用方式多种多样，其作用程度及作用方向也并不总是相同的。这种带有各自属性的多样化的接受动力在思想政治教育接受活动中表现出集合性倾向，形成接受合动力。由各接受动力要素交互作用形成的接受合力不是各接受动力要素的简单叠加，也不是各接受动力要素的算法推演，而是在具体的思想政治教育接受实践中接受动力要素之间相互作用形成的一种新质的接受动力。因此，接受合力的作用大于各接受动力的直接相加，在接受合力的作用下能够实现单个接受动力所不能实现的作用效果。同时，接受合力的形成具有客观性，其是思想政治教育接受实践深化发展过程中接受动力要素交互作用下必然如此的趋向。

多样性与集合性统一于思想政治教育接受实践。思想政治教育接受实践活动既彰显着接受动力的多样性，也表征着接受动力的集合性，是二者具体的、历史的统一。简言之，接受动力的多样性和集合性相辅相成、互为依托，共同推动着思想政治教育接受动力的深化拓展。其中，接受动力的多样性是其集合性实现的基础，接受动力的多样性是接受动力间交互作用的前提，只有在具有多种接受动力的话语背景下，接受动力的集合性才有讨论的必要和实际意义。而接受动力的集合性是其多样性发展的结果表征。多样接受动力要素之间的交互作用推动不同层次、不同样态的接受动力相互融合，在多样动力的集合中推动接受合动力的生成。

第二章

思想政治教育接受动力的要素构成

作为事物的基本构成，要素是分析探讨事物本质及规律的重要着力点。有研究者从要素与系统的相互关系角度指出，要素效能的实现之于系统功能的发挥和过程本身的有效性至关重要。[1] 思想政治教育接受动力要素应是从有效的思想政治教育接受实践活动中抽象、提炼出来的推动思想政治教育接受的必要元素，其构成思想政治教育接受动力作用实现的先决性条件。因此，对动力要素的具体所指、类型划分及内容构成等进行学理分析是深入把握思想政治教育接受动力的内在要求，其为思想政治教育接受动力的生成、运行及优化等问题的系统分析奠定学理基调。具体要素的清晰界定是思想政治教育接受动力研究的重要课题。

第一节　思想政治教育接受动力的要素类型

生发于特定实践基础上的思想政治教育接受动力要素是多样的、丰富的，其依据不同的分类标准具有不同的具体呈现。结合学界已有的相

---

[1]　徐永赞. 思想政治教育接受过程研究［D］. 长春：吉林大学，2006：50.

关研究成果，基于思想政治教育接受动力要素的来源属性及其对接受主体的作用方式，尤其是动力要素之于接受主体存在形态的不同，研究将思想政治教育接受动力要素划分为内在驱动与外在导向两大要素类型。

一、思想政治教育接受动力要素的划分依据

作为思想政治教育学科中的一个重要范畴，要素研究成为诸多研究者关注的重要课题，并取得了系列研究进展。对思想政治教育接受实践活动而言，其动力要素应具有以下三方面特性：其一，该要素与思想政治教育接受活动具有相关性。要素是作为系统或活动过程的构成元素存在的，脱离特定的系统或活动过程的要素其存在场域已然消解，这时的要素既无存在根基，也无现实意义。这意味着思想政治教育接受动力要素必然是与思想政治教育接受活动存在关联，能够在思想政治教育接受活动中找到现实映射的要素构成。相关性是要素成为思想政治教育接受动力要素的重要前提。其二，该要素对思想政治教育接受活动具有推动性。从词性角度来看，"动力"是具有积极倾向性的各种作用力的统称，对特定系统或活动的推动性是动力要素的重要特征。因此，在思想政治教育接受动力的话语背景下，思想政治教育接受动力要素是对思想政治教育接受活动具有推动作用的构成元素。对于与思想政治教育接受活动具有相关性但对推进思想政治教育接受活动不具有作用或者具有反向作用的元素，不构成思想政治教育接受的动力要素。其三，该要素与其他思想政治教育接受动力要素具有差异性。从要素的内涵界定中不难发现，要素对于特定系统或活动过程而言，不仅具有相关性，而且具有必要性，是一定系统或活动过程运行及作用的必不可少的构成部分。这种差异性决定了该要素具有其他要素缺乏的鲜明属性与作用，在思想政治教育接受动力要素系统中具有不可替代性，是独一无二的特殊存在。

思想政治教育接受动力要素划分依据及具体标准的确立是分析研究思想政治教育接受动力要素的重要基础。目前，学界相关研究持续推进，诸多研究者从不同的视角把握思想政治教育接受动力要素的分类问题，提出了多样化观点。如有研究者立足于系统工程学的角度，将思想政治教育接受系统划分为接受主体系统、接受客体系统、接受媒介系统、接受环境系统四方面。① 与之相似，有研究者将接受主体、接受客体、思想政治教育主体、接受中介概括为思想政治教育接受过程中的基本要素。② 在此基础上，部分研究者从接受动力与接受主体内在关系的维度，系统研究了思想政治教育接受动力的具体构成。如刘居安在将接受主体动力系统划分为主动力系统、被动力系统、合动力系统的基础上，将主动力系统的要素构成归结为"物质利益、获取知识、追求真理、政治参与"③。该观点在一定程度上廓清了思想政治教育接受动力研究课题中接受主体与接受动力的内在关系，具有较强合理性。结合学界相关研究成果，本研究认为，依据动力要素来源属性及其对接受主体作用方式的不同，可将思想政治教育接受动力要素分为内在驱动要素与外在导向要素两大要素系统。在思想政治教育接受实践活动中，内生于接受主体的动力要素为思想政治教育接受的内在驱动要素，外在于接受主体的动力要素构成思想政治教育接受的外在导向要素。

二、思想政治教育接受动力要素的具体分类

其一，内在驱动要素。思想政治教育接受的内在驱动要素是内在于思想政治教育接受活动，与接受主体呈现内生性关系，促使接受主体形

---

① 王敏. 思想政治教育接受论 [M]. 武汉：湖北人民出版社，2003：50-92.
② 徐永赞. 思想政治教育接受过程研究 [D]. 长春：吉林大学，2006：50.
③ 刘居安. 思想政治教育接受主体的主动力系统审视 [J]. 理论探索，2005（4）：49.

成接受思想政治教育信息、内容等接受客体之动力倾向的内生性动力要素，其是接受主体内在的认知、情感、意志、信仰、兴趣等理性因素与非理性因素在接受活动中的动力呈现。有学者将其界定为接受主体内在的矛盾运动及其自我需要，其具体形式及构成内容受诸多因素的综合影响①。思想政治教育接受的内在驱动要素的动力性是接受主体内在要素在思想政治教育接受活动过程中矛盾运动的结果表征。就思想政治教育活动而言，内在驱动要素具有鲜明的指向性。一方面，内在驱动要素是一种微观动力要素。目前，关于思想政治教育接受构成要素的研究虽未形成广泛认可的研究观点，然而多数学者基本认同这一共识：思想政治教育接受实践活动是一项由诸多要素共同参与的复杂过程，这些复杂要素主要包括接受主体、接受客体、接受介体、接受环体等。（注：研究者对上述要素的具体所指莫衷一是，目前仍处于激烈的争论与探讨中）就思想政治教育接受整体而言，接受主体是其中的一个构成，具有一定的微观性，而内生于接受主体自身的内在驱动要素亦是具体的、微观的，是一种微观构成。另一方面，内在驱动要素是一种主动性动力要素。思想政治教育接受的内在驱动要素内生于接受主体，接受主体内在的理性与非理性等因素构成了内在驱动要素的原生形态，这种原生形态的内在要素的动力属性是接受主体的主体性在思想政治教育接受活动中的具体反映。因此，思想政治教育接受的内在驱动要素具有突出的主动性。

其二，外在导向要素。思想政治教育实效性的获得及其提升建立在内在驱动要素与外在导向共同作用的基础上，从这一角度而言，在思想政治教育接受实践中，内在驱动要素和外在导向要素均具有不可或缺

① 刘居安．思想政治教育接受主体动力特征分析［J］．江西教育科研，2005（4）：19.

性，二者是思想政治教育接受活动中的对位概念。思想政治教育接受的外在导向要素是外在于接受主体，并对接受主体接受思想政治教育信息、内容等起推动作用的外在性动力要素。"接受主体的外在被动力，是指接受主体受外在因素的刺激而引发的动力"①，因此，思想政治教育接受的外在导向要素是存在于接受主体之外的外部思想政治教育因素对接受主体影响作用的动力性呈现。相较于内在驱动要素而言，它是一种宏观动力要素。需要注意的是，在思想政治教育接受实践活动中，外在于接受主体自身并对思想政治教育接受活动产生影响的外部因素复杂多样。这种丰富多样的外部因素外在于接受主体，但不能脱离接受主体孤立存在，每一外部因素都与接受主体处于相互联系与作用之中。在马克思主义视域下，"外部世界对人的影响表现在人的头脑中，反映在人的头脑中，成为感觉、思想、动机、意志"②。思想政治教育外在导向要素动力性作用的形成凸显着接受主体思维与行为范畴的矛盾运动，"他的行动的一切动力，都一定要通过他的头脑，一定要转变为他的意志的动机，才能使他行动起来"③。

第二节 思想政治教育接受的内在驱动要素

就思想政治教育接受活动而言，内在驱动要素具有突出的内生性，是存在于接受活动过程，与接受主体呈现生发关系的要素构成。鉴于

① 刘居安. 思想政治教育接受主体外在被动力分析 [J]. 求实，2005（12）：83.
② 中共中央马克思恩格斯列宁斯大林著作编译局. 马克思恩格斯选集：第4卷 [M]. 北京：人民出版社，2012：238.
③ 中共中央马克思恩格斯列宁斯大林著作编译局. 马克思恩格斯选集：第4卷 [M]. 北京：人民出版社，2012：258.

此，本研究将思想政治教育接受内在驱动要素归结为需要要素、价值判断要素、矛盾要素三方面。其中，需要要素和价值判断要素内生并存于接受主体自身，矛盾要素由接受主体生发并延展于思想政治教育接受活动，三者构成了思想政治教育接受内在驱动要素的主要内容。

一、需要要素

在马克思主义哲学视域下，需要是主体自身所具有的规定性，是"人的生存发展对外部世界及自身活动依赖性的表现，其产生于主体自身的结构规定性和主体同周围世界的不可分割的联系"①。需要对主体的存在意义不仅具有现实可能，同时也具有实践必要。因此，需要合乎人的生存规定性，其产生于主体特有的实践活动。需要之于主体接受活动的这种内生性是需要与主体内生关系的延展，具体而言，需要是主体的需要，主体为需要提供物质载体；主体是有一定需要的客观存在，需要为主体创设存在与发展的动力源。就思想政治教育接受活动而言，接受主体的需要是推动思想政治教育接受主体选择、消化、吸收思想政治教育信息、内容等接受客体的重要力量来源，有研究者指出，生存、发展、自我完善的需要构成了接受主体主动力系统的主要内容。②

作为思想政治教育接受的内在驱动要素，接受主体的需要表现出以下突出特征：其一，接受主体需要具有可激发性。根据美国著名心理学家马斯洛提出的需要层次理论，个体需要本身具有层次属性。在一定时期内，主体内部存在多种需要，这些需要有具体需要和抽象的精神需要之分，前者是主体的下层需要，后者构成主体的上层需要。主体需要具有被意识、被满足的过程性，只有下层具体需要被意识、被满足之后，

---

① 李德顺. 价值论［M］. 北京：中国人民大学出版社，2007：62.
② 刘居安. 思想政治教育接受主体的主动力系统审视［J］. 理论探索，2005（4）：49.

上层的抽象需要才会逐步浮现。需要的这种层次属性意味着需要的实现
过程即是不断激发需要、满足需要的活动过程。对思想政治教育接受主
体而言，其接受行为的产生受多种需要的共同影响。同时，接受主体的
多种需要是不断被意识到、被满足的。在思想政治教育接受实践活动
中，接受主体需要的激发属性是持续推进思想政治教育接受的重要保
障。其二，接受主体需要具有可发展性。接受主体需要不是一成不变
的，而是在思想政治教育接受实践发展及接受主体自我发展背景下不断
发展变化的。"已经得到满足的第一个需要本身，满足需要的活动和已
经获得的为满足需要而用的工具又引起新的需要。"① 在思想政治教育
接受活动中，接受主体已有需要一经满足，就会在实践基础上产生新的
需要，已有需要—满足需要—新的需要循环往复，构成了接受主体需要
的运行图景。其三，接受主体需要具有可创造性。在思想政治教育接受
活动中，接受主体需要不仅是可激发的，而且是可创造的，接受主体需
要的可创造性是在接受主体已有需要与新需要的话语背景中存在的。接
受主体需要的可激发性侧重主体已有需要的浮现，接受主体需要的可创
造性侧重主体新需要的产生。

　　在思想政治教育接受实践活动中，接受主体需要主要包含三方面内
容。其一，接受主体的物质生产实践需要。在马克思主义视域下，物质
生产实践构成了个体及社会存在与发展的基础，物质生产实践需要是主
体第一位的需要，致力于解决人的吃穿住用行等的生产实践是生产物质
生活自身，这种历史活动是人的第一个历史活动。② 思想政治教育接受
动力的形成与接受主体的物质生产实践需要紧密相关。一方面，在实践

---

① 中共中央马克思恩格斯列宁斯大林著作编译局. 马克思恩格斯选集：第 1 卷 [M].
　　北京：人民出版社，2012：159.

② 中共中央马克思恩格斯列宁斯大林著作编译局. 马克思恩格斯选集：第 1 卷 [M].
　　北京：人民出版社，2012：158.

生活中，思想政治教育接受主体为了满足自我物质生产实践的需要，具有将个体自我实践意识向社会实践意识靠拢，使个体实践意识符合社会实践意识的倾向，这种倾向内在蕴含着思想政治教育接受的意向；另一方面，思想政治教育接受是生产力发展基础上的生产关系变革的必然要求。生产力的发展推动思想政治教育接受主体社会关系的演化，不同接受主体间思想交流、交融的需求在思想政治教育实践中得以激发与满足。其二，接受主体的精神生产实践需要。在马克思主义视域下，精神生产是社会生产的重要构成，是人的类本质的一种表征，精神生产实践以满足主体内在的精神需求为目的。在思想政治教育实践活动中，思想政治教育接受主体不仅具有物质生产实践的需要，同时也具有精神生产实践需要。精神生产实践是接受主体在思想政治教育活动中改造主观世界的自我意识生产实践活动。作为聚焦改造自我主观世界的意识生产活动，接受主体的精神生产实践内在包含着对社会精神文化的需要与追求，而思想政治教育以灌输在一定社会形态中具有主导地位的社会主流意识形态为指向，是社会精神文化传导的重要形式。因此，接受主体的精神生产实践需要是其接受思想政治教育信息、内容的重要推动力量。其三，接受主体的政治实践需要。政治实践需求具有客观性。在一定社会形态中，思想政治教育工作具有极端重要性，为此毛泽东曾指出，思想教育是全党进行政治斗争的中心和关键环节，如果这个问题不能得到有效解决，其他一切任务只能沦为空谈。[①] 这种重要性的一大表征即是思想政治教育在个体政治实践中的地位与作用。在政治实践活动中，接受主体的政治实践需要主要表现为个体对政治生活的需要，它是不同社会形态下社会成员的共同追求。即使在阶级、国家尚未出现的原始社会

[①] 毛泽东. 毛泽东选集：第 3 卷［M］. 北京：人民出版社，1991：1094.

里，"人们仍需要通过一定的政治组织形式，开展家庭生活、社会生活，在人们发生纠纷时，需要政治组织来协调"①。个体对政治生活的内在需要生发着其对社会政治意识形态的接受动力，从而也推动着思想政治教育接受的实现。

二、价值判断要素

价值判断是基于价值的概念衍生出的重要范畴。哲学意义上的价值是"客体对于增强人的本质力量或主体性所具有的作用和意义"②。其中，主客体是一对关系范畴，价值即客体对主体所具有的意义。而所谓价值判断是主体对客体是否具有价值及价值大小的一种评判，其"表明在主客体之间一定的价值关系中，客体是否能够或已经使主体的需要和愿望得到满足，客体是否适合主体的需要并使主体意识到这种适合"③。思想政治教育接受实践活动是接受主体在一定价值观念、价值心理的作用下，依据一定的价值标准对思想政治教育信息、内容等接受客体做出价值判断的活动过程。一般而言，当接受主体的价值判断趋向积极时（思想政治教育信息、内容有价值或价值较大），思想政治教育接受程度较高；当接受主体的价值判断趋向消极时（思想政治教育信息、内容无价值或价值较小），思想政治教育接受程度则较低。从这一角度来看，接受主体的价值判断构成了思想政治教育接受的重要作用源，"思想政治教育接受动力是接受主体的内在需要与人格判断双重作用的结果"④。接受主体科学合理的价值判断对思想政治教育接受意义

① 马凤岐. 教育政治学［M］. 北京：人民教育出版社，2002：36.
② 袁贵仁. 价值学引论［M］. 北京：北京师范大学出版社，1991：65.
③ 李德顺. 价值论［M］. 北京：中国人民大学出版社，2007：224.
④ 陈秉公. 21 世纪思想政治教育工作创新理论体系［M］. 长春：吉林教育出版社，2000：135.

重大。在思想政治教育接受实践活动中，接受主体的价值判断是其价值心理、价值观念、评价标准共同作用的产物。

其一，价值心理。如前所言，作为一种主体性存在，思想政治教育接受主体内在的思想观念系统包含理想、信念、兴趣、情感、意志等理性因素与非理性因素，其中，兴趣、情感、意志等非理性因素较多地反映着接受主体的心理意识水平，因此，该部分非理性因素可归结为接受主体的价值心理。接受主体的价值心理与其自身感受的联系十分紧密，从而它"能够更直接、更迅速地反映人们的价值存在关系"，同时其本身"能够具有客观的价值内容性质。也就是说在意识领域内，它能够作为人的精神需要本身，成为一种客观的精神价值内容"①。其中，兴趣反映着主体对客体相对自由的心理选择倾向，这种选择倾向主要源于客体对主体产生的吸引力。在思想政治教育接受实践活动中，当接受主体兴趣与思想政治教育信息、内容等接受客体具有较强的同构性时，其做出的价值判断对思想政治教育接受起着明显的推动作用。情感是一种重要的价值心理因素，是主体通过情感体验的方式反映与客体之间的价值关系，它表征着主体对客体的价值态度。马克思主义认为，情感是社会上层建筑的构成要素，马克思主义经典作家从经济基础与上层建筑的交互关系中，从情感、幻想、人生观等相近范畴的辨别中阐释情感之于主体的积极作用。② 其对个体社会生活具有十分重要的作用。接受主体积极健康的情感心理能够激发思想政治教育接受的重要动力。意志是主体价值心理的另一重要组成部分，是比兴趣、情感更高层次的价值心理，对主体兴趣、情感具有调控作用。从这一角度而言，意志是主体从

① 李德顺. 价值论 [M]. 北京：中国人民大学出版社，2007：188.
② 中共中央马克思恩格斯列宁斯大林著作编译局. 马克思恩格斯选集：第 1 卷 [M]. 北京：人民出版社，2012：695.

价值心理转向相应行为表现的关键环节，并在一定程度上调节主体行为，思想政治教育接受主体意志是思想政治教育接受的重要影响因素。

其二，价值观念。与价值心理相对应，主体思想观念系统里的理想、信念等理性因素构成了主体的价值观念，其是主体关于好与坏、拥护与反对、追求与舍弃等思想观念、态度反映的集合，是主体关于价值的一种自我意识。价值观念的具体内容具有多样性，其中信念、信仰和理想是最为普遍的三种价值观念形式，它们是主体关于价值的一种精神意识。从严格意义上来讲，价值观念并不等同于价值观。作为一种观念系统，价值观念是主体对价值的一种观念性反映，如上文提到的主体的理想、信念、信仰等，是以"人们的价值关系和价值现象为对象的思想内容，它们本身与客观的价值关系之间，已经有了实质性距离，成为纯粹的，相对独立的第二性现象"①。而价值观则是如历史观、物质观一样，是关于特定对象的一套理论或学说体系，是作为一种学说系统存在的。相较于价值心理，其对主体行为的调控作用更为凸显。有研究者在深入分析的基础上，将主体所具有的价值观明确为衡量取舍的标尺。② 在具体实践中，价值观念对主体行为的影响表现为其在一定程度上规定了主体价值选择的方向即价值取向，所谓价值取向是"人们在一定场合以一定方式采取一定行动的价值倾向"③。主体行为的产生是一定价值取向作用下的结果，个体在实践基础上，遵循一定的价值取向，并在这种价值取向的指引下对事物做出取舍与选择判断，从而为主体行为提供标尺与指引。

其三，评价标准。评价标准是主体在对事物做出评价时所掌握、运

---

① 李德顺. 价值论［M］. 北京：中国人民大学出版社，2007：200.

② 刘丽琼. 思想政治理论课教学接受论［M］. 北京：人民出版社，2009：86.

③ 袁贵仁. 价值学引论［M］. 北京：北京师范大学出版社，1991：350.

用的相应标准，相关研究认为，评价标准的形成依据一般包含两方面内涵，一是主体自身及社会的需求和利益，二是现实实践的本质与规律。在具体实践中，主体自身和社会的需要、利益诉求是客观存在的，它们以各种各样的方式影响主体对其所面对事物的态度，对主体以何种态度反映事物起着规定作用，这一过程也即主体的评价标准逐步确立的过程。同时，现实实践所提供的事物内在发展的可能和不可能性条件也在主体对事物的态度层面得以反映，成为主体评价标准确立的另一重要根据。因此，评价标准的最终确立是现实实践维度与主体自我需要维度的有机统一。如有研究者强调，评价标准是主体自我标准和外部现实的实时互动与融合，是两者具体条件下的耦合。[①] 值得注意的是，价值标准是主体评价标准的一种客观基础，构成了评价标准的标准，这种对评价标准的基础性作用来自价值标准的实质是主体的需要与利益，其和主体之间具有同一性，"作为主体的内在尺度，价值标准本身是与主体存在直接同一的，它本身就是客观的"[②]。由评价标准的内涵界定不难理解，现实实践对于评价标准具有根本性意义，其既是主体评价标准产生的重要来源，同时也构成了评价标准的检测尺度，主体所持有的对事物的评价标准是否客观、是否科学、是否合理均需实践的检验。从这一角度而言，实践之于评价标准具有本源性意义，评价标准源于一定实践，其在实践发展中不断变化，并经由实践得以最终检验。总之，接受主体基于自我的价值心理、价值观念，在遵循一定价值标准的基础上，对思想政治教育接受进行相应的价值判断，从而做出一定的接受行为反应。

---

① 李德顺. 价值论 [M]. 北京：中国人民大学出版社，2007：258.
② 李德顺. 价值论 [M]. 北京：中国人民大学出版社，2007：259.

三、矛盾要素

矛盾要素是思想政治教育接受内在驱动要素的重要构成，其作为思想政治教育接受内在驱动要素的构成源于矛盾在推动思想政治教育接受实践发展中的根本性作用。马克思主义认为，矛盾即对立统一构成了事物发展的源泉，任何事物的发展从本质上来说都是在外部因素影响下，事物内部对立统一方面相互作用的结果。恩格斯指出："运动本身就是矛盾。"① 随着事物内部矛盾着的双方的相互作用，双方的力量对比不断此消彼长，当矛盾双方力量对比及地位发生根本性变化时，旧事物消解，新事物产生，由此形成事物的运动发展。所谓对立统一即"承认（发现）自然界的（也包括精神的和社会的）一切现象和过程具有矛盾着的、相互排斥的、对立的倾向"②。其中，事物的内部矛盾构成事物发展变化的根据，外部矛盾对事物的发展变化而言是一种条件作用，"事物内部的这种矛盾性是事物发展的根本原因，一事物和他事物的互相联系和互相影响则是事物发展的第二位的原因"③。这一论断明晰了不同性质矛盾在事物发展过程中各自的功能与角色，同时，也从矛盾的重要作用中侧面强调了其存在的普遍性，正所谓时时处处、自始至终有矛盾。世界由矛盾组成的观念对于分析研究思想政治教育接受动力具有重要指导意义。思想政治教育接受实践的发生与推进背后是接受矛盾的运动变化，矛盾为接受主体的接受实践提供着重要动力源，接受过程中的矛盾有基本矛盾、具体矛盾之分。

---

① 中共中央马克思恩格斯列宁斯大林著作编译局. 马克思恩格斯选集：第 3 卷 [M].
　北京：人民出版社，2012：498.
② 列宁. 列宁全集：第 55 卷 [M]. 北京：人民出版社，2017：306.
③ 毛泽东. 毛泽东选集：第 1 卷 [M]. 北京：人民出版社，1991：301.

（一）思想政治教育接受活动中的基本矛盾

所谓基本矛盾又称根本矛盾，它是存在于事物发展的全程，对事物本质及其他矛盾运动具有规定作用。[①] 思想政治教育接受过程的基本矛盾是接受主体需求与社会思想品德要求之间的矛盾。矛盾是对立统一，接受主体需求与社会思想品德要求之间的对立性表现在：一是接受主体需求反映着主体的个体性发展需要及利益诉求，社会思想品德要求反映着社会发展的整体性诉求，二者之间存在个别与整体的对立。二是接受主体需求是关于主体自我实现的需要集，社会思想品德要求是社会层面的思想品德规定要求集，二者之间在具体内容上具有差异性。三是接受主体需求具有强烈的主体性，其往往随主体自觉意识的不同而不同，社会思想品德要求是一定时期内社会实践发展的观念性反映，二者存在多样与统一的冲突。接受主体需求与社会思想品德要求之间的统一性主要表现在：一是接受主体需求与社会思想品德要求都是对社会客观存在的反映，二者统一于社会实践活动之中。二是接受主体需求与社会思想品德要求都最终落脚与体现于具体的个体，二者统一于社会个体之中。三是接受主体需求与社会思想品德要求之间具有相容性，二者统一于社会规范之中。

接受主体需求与社会思想品德要求之间的矛盾成为思想政治教育接受过程的基本矛盾，与其对思想政治教育接受的基本规定性及其他接受矛盾的影响作用有关，这种影响作用具有客观性，是思想政治教育接受的内在本质及规律的一种反映。具体而言：其一，这一矛盾贯穿思想政治教育接受活动的全过程。这一矛盾的存在是思想政治教育接受活动的现实依据，同时也为分析研究思想政治教育接受问题提供了逻辑前提。

---

① 赵继伟. 马克思主义意识形态接受论 [M]. 武汉：武汉大学出版社，2009：118.

正是因为需求与要求间存在客观矛盾，推动这一矛盾不断解决的过程也即思想政治教育接受发生、发展的过程。对思想政治教育接受活动而言，这一矛盾时时存在，全程存在，不存在无接受矛盾的时刻与空间，新旧基本矛盾的更替规定了思想政治教育接受实践的不断推进。其二，这一矛盾决定着思想政治教育接受活动的本质。接受活动中各参与要素的逻辑结构、排列方式、交互作用、发展趋向等与接受活动宏观布局与整体发展密切相关的方面均由接受过程中的基本矛盾来决定，其从根本上界定了思想政治教育接受活动的本质含义。其三，这一矛盾规定和制约着思想政治教育接受过程的诸多具体矛盾。接受主体需求与社会思想品德要求之间的矛盾内在包含接受主体内在需要与满足需要的方式（条件）之间的矛盾、接受主体经验与社会思想品德要求之间的矛盾、接受主体与教育主体的矛盾、接受主体与社会环境之间的矛盾等，并对这些具体矛盾的发展趋向具有规定意义。

（二）思想政治教育接受活动中的具体矛盾

思想政治教育接受是在一项复杂的矛盾系统作用下的结果，在这一矛盾系统中，存在如下具体矛盾：

其一，接受主体经验与社会思想品德要求间的矛盾。在思想政治教育接受实践活动中，接受主体是带有实践认知经验的主体性存在，其在自身实践经历的基础上形成了看待事物特有的方法、态度与取向。这种"前结构式"的主体经验影响着接受主体对社会思想品德要求的评判。当思想政治教育传导的社会思想品德要求与接受主体经验具有相一致的同构性时，接受主体倾向于对其做出肯定性评判，从而接受社会思想品德要求；当社会思想品德要求与接受主体经验出现相悖的错位情形时，接受主体往往不会否定自我经验，而是倾向于根据自我经验对社会思想品德要求做出否定性判断，对思想政治教育接受持消极取向。接受主体经验与社会思想品德要求间的矛盾是客观存在的，这种存在的客观性表现在：一是接受主体经验及社会思想品德要求均建立在客观实践的基础之上。接受主体经验是主体基于个体实践形成的对事物及其相互关系的认识，社会思想品德要求是社会实践及其发展的观念性呈现，实践是两者产生、变化的共同基础。二是接受主体经验是个体性认知成果，具有较强的主体倾向。在接受主体经验形成过程中，其受主体的生活阅历、成长环境、思维能力等多种个体性因素的影响，如此，接受主体经验表现出明显的主体倾向，接受主体经验的这种主体倾向使其与一定社会思想品德要求间的矛盾具有客观性。

其二，接受主体需要与满足需要的方式方法间的矛盾。思想政治教育实践活动是通过一定的方式、方法展开的，脱离特定的方式方法的思想政治教育活动只会是纸上谈兵，缺乏科学、恰当的方式方法的思想政治教育活动，无法真正满足接受主体的内在需要，思想政治教育的接受效果只能差强人意。从这一角度而言，思想政治教育过程即是在实践基础上，运用一定方式方法满足接受主体需要，实现思想政治教育接受的过程。思想政治教育方法是"教育者和受教育者在思想政治教育过程中为达到一定教育目的所采用的思想方法和工作方法"①。接受主体需要的满足不能没有适当的满足需要的方式方法即思想政治教育方法。在思想政治教育接受实践中，不同接受主体的需要是具有差异性的，同时，每一接受主体的需要又是多样的、复杂的，不同需要的满足方式也是形式不一的，接受主体需要与满足需要的方式方法之间的矛盾就此产生。这一矛盾解决的核心在于科学、恰当的满足需要的方式方法的选取与运用。其中，科学性意味着满足需要的方式方法符合思想政治教育接

---

① 《思想政治教育学原理》编写组．思想政治教育学原理［M］．北京：高等教育出版社，2016：244．

受规律和接受主体思想品德发展规律，具有鲜明的合理性；恰当性意味着满足需要的方式方法符合接受主体的具体需要与特点，具有突出的针对性。唯有如此，才能推动接受主体需要的满足，在此基础上不断提升思想政治教育接受实效。

其三，接受主体与教育主体间的矛盾。如前所述，思想政治教育接受过程主要有两大主体性构成要素，一是教育主体，一是接受主体，两者相互作用，相互规约，为接受活动的展开提供着主体性支撑。但这并不意味着两者总是一致的、协调的；相反，两者之间是一种动态的矛盾关系。其中，作为一定社会思想品德要求的传导者，教育主体通过施加教育影响，以使接受主体形成符合社会期待的思想观点、政治素养、价值观念。而接受主体作为思想政治教育接受活动中的受导者，其本身具有多样的个体需要及发展期待，从而两者之间不可避免地存在着矛盾。此外，接受主体与教育主体间的矛盾还表现在：一方面，教育主体的个体素养如专业知识能力、思想理论水平、人格魅力等不能支撑其很好地承担传导社会思想品德的任务，从而引发矛盾。如教育主体不能对思想政治教育信息、内容等接受客体做出强有力的科学论证与阐释，在思想政治教育接受实践活动中不能正确处理与接受主体之间的人际关系等均会引发两者之间的矛盾。同时，教育主体与接受主体在实践经历、价值取向、行为习惯等方面的差异也是两者之间矛盾的重要方面。教育主体与接受主体不同的实践经历、价值取向、行为习惯等易导致两者出现一定程度的沟通障碍与对话困境，使教育主体与接受主体"各说各话"，思想政治教育接受不能顺利实现。

其四，接受主体与外部环境之间的矛盾。在思想政治教育接受实践活动中，外部环境与接受主体是一种紧密关联状态，接受主体对思想政治教育信息、内容等接受客体的接受反馈无不是特定环境下的产物，因此，思想政治教育接受活动过程在一定程度上也是接受主体与外部环境的互动过程。接受主体与外部环境的互动性是双向的。一方面，外部环境对接受主体施加环绕式影响，对接受主体的接受心理、接受取向、接受态度、接受行为等产生影响，当这种影响属性趋向正面时，有助于推动思想政治教育接受的实现；相反，则会对思想政治教育接受起到阻碍作用。另一方面，接受主体在与环境的互动中也反作用于外部环境。在一定环境中的接受主体的思想观点、政治素养、价值观念及其运动发展也对环境具有反向作用，在一定程度上推动着周围环境样态的发展变化。关于环境之于思想政治教育接受实践活动的价值意义及其相互作用下一节将会较为详细地讨论，这里不再展开。值得注意的是，外部环境是多维复杂的，其中既包含与思想政治教育接受同向的积极构成，也有与思想政治教育接受相左的消极部分，这两部分在思想政治教育接受实践活动中同时存在着。如接受主体的生活环境中存在多种多样的思想观念或社会思潮，这些思想观念或社会思潮与接受主体业已形成的思想观念体系并不总是一致的，与思想政治教育信息、内容等接受客体也并不总是同向的，由此引发接受主体与外部环境之间的冲突。

第三节　思想政治教育接受的外在导向要素

在思想政治教育接受实践活动中，对接受主体产生动力性影响的外在导向因素具有多维性和复杂性，研究从环境要素、文化要素、评价要素三方面展开讨论。其中，环境要素、文化要素环绕式存在于思想政治教育接受活动，评价要素构成思想政治教育接受活动完结的具体表征。横切面与纵向维度动力要素的交叉考量以更为多维地透视思想政治教育接受动力。值得注意的是，环境与文化具有融合性，思想政治教育接受环境在一定意义上构成了接受文化；同时，思想政治教育接受文化在一定条件下也被认为是一种接受环境，两者具有某种程度上的重叠。这里之所以将环境要素与文化要素分离出来单独探讨，是因为在思想政治教育接受实践活动中，环境与文化不能完全等同。相较于环境而言，文化是一种影响接受主体认知的更深层次的存在。在文中对其细化分析，有助于更好地把握接受文化内涵，发挥文化的育人作用。

一、环境要素

在马克思主义视域下，环境是人对自然以及个人之间历史地形成的关系。① 作为周围存在的条件，其构成了人类生存和发展的重要基础。同时，环境的变化和人的活动具有一致性，其被看作并合理地理解为变革的实践。恩格斯在相关著作中阐明了人的伦理观念与经济关系的关联，并明确指出了后者对前者的基础性决定作用。② 即在社会实践进程中，人的思想观念同社会环境具有紧密联系，并随社会关系、社会经济制度的改变而不断变化。列宁从反对片面强调环境自发性影响的角度出发，提出了"生活教育人们"的论点，强调人的自觉性在环境要素及其相互作用中的积极参与者角色。③ 进一步明晰了环境自发性与主体自觉性在现实实践中的相互关系。在继承马克思主义环境思想的基础上，毛泽东特别强调了认识的产生及发展同一定社会的政治、经济、文化等要素的关系，指出人们的认识不仅来源于物质生活，同时也源于政治和

---

① 中共中央马克思恩格斯列宁斯大林著作编译局.马克思恩格斯选集：第 1 卷 [M].
北京：人民出版社，2012：172.
② 中共中央马克思恩格斯列宁斯大林著作编译局.马克思恩格斯选集：第 3 卷 [M].
北京：人民出版社，2012：470.
③ 列宁.列宁全集：第 5 卷 [M].北京：人民出版社，2013：327.

文化生活等。① 马克思主义中蕴含的关于环境及其与人类认知关系的相关阐述为分析探讨思想政治教育接受的环境要素提供了基本遵循。在学科场域下，由于具体对象的不同，环境范畴的界定及具体内容也体现出不同程度的差异。一般而言，较多研究者认同自然、人文标准的环境划分。在学科场域下，环境研究素来是研究的重要热点。关于思想政治教育环境本质及其发展规律的把握在研究中不断深化，有研究者将其归结为"影响思想政治教育及其运行过程的一切外部因素"②。在思想政治教育接受实践活动中，思想政治教育接受的环境要素是影响接受主体的思想和行为，影响思想政治教育接受实践活动的外部因素的总和。需要特别关注的是，不是一切外部因素，都是思想政治教育接受的环境要素，只有那些影响接受主体的思想和行为，与接受过程存在本质关联的要素才具有环境要素的基本规定性。因此，思想政治教育接受活动中的环境要素是具体的而非抽象的，相对的而非绝对的。

（一）思想政治教育接受环境要素的主要类型

在不同的分类标准下，环境具有不同的类型呈现。研究按照环境要素的范围，对思想政治教育接受的环境要素进行宏观、中观、微观层面的讨论。其中，宏观、中观、微观的划分是相对的，其依据接受主体活动空间的变化发生相应变化。宏观环境要素对中观环境和微观环境具有规制作用，中观环境是宏观环境和微观环境的连接，而微观环境是宏观环境作用发挥的基础，反作用于宏观环境和微观环境。

其一，宏观环境要素。宏观环境又被称为大环境，是国内、国际的社会环境和世界环境的统称。一定的社会政治、经济等宏观环境是思想

---

① 毛泽东. 毛泽东选集：第 1 卷 [M]. 北京：人民出版社，1991：283.
② 《思想政治教育学原理》编写组. 思想政治教育学原理 [M]. 北京：高等教育出版社，2016：317.

政治教育接受活动展开的大环境，思想政治教育接受实践活动不能从特定的宏观环境中剥离，"不能设想，离开政治的大局，不研究政治的大局，不估计革命斗争的实际发展，能成为一个马克思主义的思想家、理论家"①。一定社会系统下的政治、经济等环境要素交互作用，影响着接受主体的思想、行为及思想政治教育接受。其中，尤其值得关注的是社会思潮这一宏观环境构成对思想政治教育接受实践活动的重要作用。作为反映一定社会心理的一种思想运动，社会思潮是思想政治教育学科的重要范畴。鉴于社会思潮的复杂性与研究视角的不同，目前学界关于社会思潮本质内涵及其运动规律的探讨尚未形成共识，但普遍认可其作为社会要素在推动个体思想品德发展中的功能性意义。有学者指出，社会思潮的一个重要标准即是它的扩展及影响程度突破了特定的空间和主体，具有了在社会范围内较大的动员与改造力量。② 社会思潮的这种功能性作用来源于其自身的特性。一方面，社会思潮总是以一定的思想观念和理论主张为支撑的，其思想观念愈合理、理论程度愈完备，其对主体的影响就越强烈；另一方面，社会思潮是现实物质利益的观念性反映，其以现实生活为指向，表征着一定群体的利益诉求，因此，其对主体的影响具有坚实的现实支撑。在思想政治教育接受实践活动中，接受主体在社会思潮的影响下对思想政治教育信息、内容等接受客体予以审视，做出相应的接受回应。

其二，中观环境要素。中观环境是基于接受主体所处的特定地区、业务领域等规定的环境范围，有学者将其划分为家庭社区、学校、青少年组织、企业、大众传媒及互联网等③，一般而言，其主要包含家庭、

---

① 邓小平. 邓小平文选：第2卷 [M]. 北京：人民出版社，1994：179.
② 刘建军. 当代中国政治思潮 [M]. 上海：复旦大学出版社，2010：2.
③ 张耀灿，郑永廷，吴潜涛，等. 现代思想政治教育学 [M]. 北京：人民出版社，2006：295.

学校、街道、社区、单位等区域环境。中观环境与接受主体及思想政治教育接受过程的关联性凸显。以中观环境中的家庭、社区和学校为例，其中家庭构成了接受主体生存发展的基本单元，其对接受主体的影响集中表现为它在接受主体早期社会化中的重要作用，"对于思想接受来说，有时无意接受的影响更大，因而家庭社会的理解与诠释广泛而持久地对思想政治教育接受主体的思想接受产生影响"①。作为接受主体家庭空间的延伸，社区是接受主体生活、工作的重要场域。一般而言，一个完整的社区系统由自然环境、人口要素、社区组织、社区文化四部分要素组成。这四部分要素既奠定了接受主体社区生活的现实基础，也为推进思想政治教育接受活动提供着文化依撑。而学校作为有组织、有系统、有计划地开展思想政治教育的主要场所，决定了其在引导接受主体思想、行为发展方面的特殊地位，"人出生后，不仅呼吸物质的空气，而且呼吸精神的空气，这种精神的空气也就是通过教化而接受的意识形态"②。学校成为思想政治教育接受实践活动的主要场域。

其三，微观环境要素。微观环境也即小环境，其指代具体的环境、条件及其对活动的客观要求与规定性。微观环境具有具体性、直接性，其与事物发展具有更为紧密的联系表征。思想政治教育接受活动中的微观环境为接受活动的具体展开提供着物理空间与现实载体。从接受主体的视角来看，微观环境是一种直接感知的外部环境要素，这种直接感知性意味着微观环境是体现具体主体与具体活动过程特点的，因此必然是多样的、多变的。情境是微观环境的主要呈现，思想政治教育接受活动总是在特定的教育情境中实现的，情境具体传导和承载着思想政治教育

---

① 李颖. 基于哲学解释学视角的思想政治教育接受研究 [M]. 杭州：浙江大学出版社，2013：182.

② 俞吾金，意识形态论 [M]. 上海：上海人民出版社，1993：76-77.

信息、内容等接受客体，具体的教育情境直接影响接受主体的思想倾向与行为选择。从其内涵界定来看，情境既包含特定的物理情境，也具有氛围情境之义，是活动展开的现实条件及精神氛围的有机融合。在思想政治教育接受实践活动中，一方面，完备、先进、舒适的物理情境如教育设施等能够使接受主体精神愉悦，有助于推动接受主体形成积极的接受心境；另一方面，轻松生动的接受气氛、真实形象的情境再现等氛围情境能够使接受主体在感同身受中实现思想政治教育接受。同时需要注意的是，积极的教育情境对思想政治教育接受实践具有推动作用；反之，则会阻碍思想政治教育接受的实现。有研究者根据教育情境作用方式及性质的不同，将其分为三种类型，"一是引发重大选择后果的接受情境。二是两难接受情境。三是限时性接受情境。"① 情境对思想政治教育接受活动的直接性影响主要通过作用于接受主体的注意力来实现，无论是物理情境的优化抑或氛围情境的积极营造，强化接受主体对思想政治教育信息、内容等接受客体的关注是其共同指向。

（二）环境要素对思想政治教育接受的作用特征

环境要素对思想政治教育接受活动的影响具有以下几方面的突出特征：其一，环境要素对思想政治教育接受活动的影响是"润物无声"的。在思想政治教育接受实践活动中，"知识接受一般是显性状态，而思想接受在很多情况下是在隐性状态中进行的"②，与思想政治教育接受相关联的各种环境因素，都在直接或间接地向接受主体发出各种各样的信息来熏陶、感染接受主体的思想，促使接受主体的情绪、思想、行为习惯等在潜移默化中受到环境的影响。这一影响过程往往是潜在的、间接的、不易察觉的，通过营造有助于思想政治教育接受的环境氛围来

---

① 李辉．现代思想政治教育环境研究［M］．广州：广东人民出版社，2005：102.
② 常青伟．思育环境渗透研究［M］．苏州：苏州大学出版社，2015：175.

实现，使接受主体无意识地接受思想政治教育信息、内容等，从而推进思想政治教育接受的实现。环境影响的这种"润物无声"符合接受主体对于自我主体的追求与认同，有助于推动接受主体生发较为强烈的参与自觉。其二，环境要素对思想政治教育接受活动的影响是变动的。环境的影响并不是一成不变的，而是处于可变化之中的。环境影响的可变化性源自环境本身的发展性。马克思主义认为，环境对人的生存发展具有关键意义。同时，人又在实践活动中改变环境、创造环境。无论是物质环境还是精神环境，在人们改造自然与社会的实践活动的推进下，都会创造出新的成果，从而促使周围环境得以改造和优化。在思想政治教育活动中，无论是大环境的改变，还是小环境的优化，都会以一定方式在不同程度上推动外在环境矛盾的解决，从而推动新旧矛盾的不断更替，为接受环境的不断优化及接受活动的持续深化奠定基础。其三，环境要素对思想政治教育接受活动的影响性质是多重的。在思想政治教育接受实践活动中，接受主体受到诸多性质不一、形态各异的环境因素的影响，这些多样化的环境因素的作用方式、方向也是具有差异性的，因此，环境对思想政治教育接受的影响并不总是同向的，对思想政治教育接受的影响性质呈现出多重、多样的特点。环境影响性质的多重性，具有多方面的表现。

二、文化要素

文化是思想政治教育接受外在导向要素的重要构成，对思想政治教育接受文化要素的分析探讨建立在科学把握其本质内涵的基础上。在社会实践中，文化现象纷繁复杂，文化在不同的语境下具有不同的含义，研究者从各自的思维方式、知识背景、关注角度等出发，对于文化的界定表现出多样的认识维度与解释向度，这一方面为深化文化研究提供了坚实的理论基础与丰富的思想滋养，同时，也在一定程度上易造成文化范畴内涵与外延的边界模糊，为此，研究者指出，复杂的信息增加了人们理解与解读的难度。① 马克思主义在辩证唯物主义和唯物史观理论视野下对文化的相关阐述为我们科学认知思想政治教育的文化要素提供了基本遵循。其一，文化与文明之间具有密切关联性，马克思主义从宏观层面解读文化范畴指出，文化在一定条件下可理解为文明。"最初的、从动物界分离出来的人，在一切本质方面是和动物本身一样不自由；但是文化上的每一个进步，都是迈向自由的一步。"② 其二，文化是社会上层建筑的组成部分，是一种社会意识形态形式，其建立在特定的经济政治基础之上，并对后者产生反向作用。毛泽东曾在著作中系统论述了文化与政治、经济三者间的内在关系，并强调了经济对政治与文化的基础性作用。③ 其三，文化是物质文明与精神文明的总和，从一定程度而言，社会发展进程即是物质文明和精神文明协同推进的过程，马克思强调，随着生产行为变化的不只是外在的物质环境，同时行为主体自身的精神世界也在发生改变。④ 本研究关于思想政治教育接受文化要素的讨论是在上述话语背景下进行的。

（一）思想政治教育接受文化要素的影响因子

一般而言，一定社会的文化是相应社会发展水平、民族心理、地理环境、科学技术、社会制度等共同作用的产物。

其一，社会发展水平。文化建立在一定的社会经济基础之上，生产

---

① 倪胜利. 教育文化学论纲 [M]. 重庆：重庆大学出版社，2011：13.
② 中共中央马克思恩格斯列宁斯大林著作编译局. 马克思恩格斯选集：第3卷 [M]. 北京：人民出版社，2012：492.
③ 毛泽东. 毛泽东选集：第2卷 [M]. 北京：人民出版社，1991：663.
④ 中共中央马克思恩格斯列宁斯大林著作编译局. 马克思恩格斯选集：第2卷 [M]. 北京：人民出版社，2012：747.

力发展水平决定着文化的内容、呈现形式及发展方向。"如果说在文明时代的怀抱中科学曾经日益发展，艺术高度繁荣的时期一再出现，那也不过是因为现代的一切积聚财富的成就不这样就不可能获得罢了。"①在人类历史进程中，随着生产力的发展，社会形态业已经历了原始社会、奴隶社会、封建社会、资本主义社会、社会主义社会的演变，不同社会形态下的文化内涵及形式等均具有很大差别，人类文明发生了农业文明、游牧文明、商业文明等多种文明形态的演化。随着生产力的发展，社会主义向共产主义社会的转化实践及其最终完成，必将赋予文化以新的发展内涵。可以说，生产力的每一次重大变革，都推动着文化内涵的演变，社会发展水平对文化具有基础性作用，文化是社会发展水平的重要表征。但同时，对生产力发展与文化优劣之间的关系不宜简单化处理，不能笼统地说随着社会发展产生的文化就一定是优秀的、进步的文化。考量一种文化是进步还是退步、优秀还是劣质总是在一定的评判标准下进行的，文化优劣属性的判定，既具有一定的主观成分，也不能脱离文化本身的存在环境。"社会为文化定调，而定下了格调就等于确定了优劣标准，但这个优劣标准要有合适的参照系。"② 在统一的参照系中，文化的优劣判定就有了具体语境，此时，优秀文化与劣质文化的区分是可能的、清晰的。若非然，对文化优劣与否的考量既不易实施，也无实际意义。

其二，民族心理。文化与民族的实践活动及其基础上的心理活动紧密相关。民族心理是一定民族在历史发展中形成的稳定的、整体性的心理倾向和精神结构，其内蕴着民族共同的文化传统，是民族凝聚力的一

---

① 中共中央马克思恩格斯列宁斯大林著作编译局．马克思恩格斯选集：第 4 卷 ［M］．北京：人民出版社，2012：194.

② 孟宪平．马克思主义文化动力思想及其实践研究 ［M］．北京：北京师范大学出版社，2018：87.

大动因，也是一定文化形式产生、发展的重要基础。马克思主义在阐述社会历史发展动力时提出，相较于单一的个别人物，广大群众才是推动历史发展的强大动力来源。① 在社会实践中，文化的产生与发展，不是单个人的心理动机及其推动，而是人民群众在长期的认知积淀和心理准备下的历史创造。不同的民族心理内蕴着多样的文化内容与形式，民族心理是把握文化民族性的重要标尺。

其三，地理环境。地理环境是文化的物质载体与空间场域，是文化得以生成、不断发展的基础性条件。地理环境对文化的重要意义一方面在于它为文化的形成发展提供了必要的物理空间，"人类文化的最先开始，他们的居地，均赖有河水灌溉，好使农业易于产生"②。正是在此基础上逐渐形成了农耕文明。同时地理环境也是文化存在发展的环境场域，"环境愈复杂，对付方法愈增多，人类精神亦愈进步，这样就产生了许多文化"③，地理环境对于文化的这种基础性作用的充分实现依赖于人的主体性的积极发挥。当人们将自然环境纳入主体实践范围，将自然环境和人的实践活动联系起来时，自然环境内含的资源得以有效开发运用，从而极大推动着相应文化的生成。

其四，科学技术。作为一种生产力要素，科学技术是推进社会发展的杠杆，也是文化形成发展的重要因子。从这一意义上而言，科技发展过程与文化演进过程具有统一性。一方面，科学技术的发展以知识及知识应用的更新为核心表征，其发展本身也是文化意义上的发展。同时，科学技术的革新推动文化的演变。新技术的开发创造可为文化的创新性发展提供手段、方式支撑，这种工具性价值的实现对文化发展而言是一

---

① 中共中央马克思恩格斯列宁斯大林著作编译局. 马克思恩格斯选集：第4卷［M］. 北京：人民出版社，2012：255.

② 钱穆. 中国文化史导论［M］. 北京：商务印书馆，1994：1-2.

③ 萨孟武. 中国政治思想史［M］. 北京：东方出版社，2008：4.

种重要的力量来源。需要注意的是，科学技术是包含积极与消极两重属性的双刃剑，"资产阶级，由于一切生产工具的迅速改进，交通的极其便利，把一切民族甚至最野蛮的民族都卷到文明中来了"①，由此，对其考量应全面、系统。

其五，社会制度。社会制度反映着一定的社会形态或社会结构，社会制度规则表征着一种群体意义上的文化认同，文化观念对制度体系具有突出的孕育作用，这种孕育作用主要指"文化为特定的制度提供了社会环境、思想源泉和社会基础"②。与此同时，社会制度也内蕴着文化。作为一种社会规则，制度往往具有规范性和强制性，因此，形成符合制度要求并对其具有支撑作用的思想观念、价值取向是制度存在发展的客观要求。制度的变迁推动文化在内容与形式等多方面发展演进。

（二）文化要素对思想政治教育接受的作用特点

文化要素对思想政治教育接受实践活动的影响凸显出以下几点鲜明特征：其一，文化要素对思想政治教育接受活动的影响具有相对稳定性。作为一种社会意识形态形式，文化具有惯习的相对稳定性。所谓惯习即"以某种方式进行感知、感觉、行动和思考的倾向"，这种禀性"深深地扎根在身上，并倾向于抗拒变化"③。即实践基础上的文化惯习可构成主体的一种"持久的可转移的禀性系统"，而在思想政治教育接受活动中，这一禀性系统是接受主体生活方式、精神期待、行为倾向的基础。同时，文化要素对思想政治教育接受实践活动影响的相对稳定性源于文化之于主体的直觉属性，有研究者指出，主体的价值思维判断可

---

① 中共中央马克思恩格斯列宁斯大林著作编译局．马克思恩格斯选集：第 1 卷［M］．北京：人民出版社，2012：404．

② 孟宪平．马克思主义文化动力思想及其实践研究［M］．北京：北京师范大学出版社，2018：91．

③ 柯尔库夫．新社会学［M］．钱翰，译．北京：社会科学文献出版社，2000：36．

从风俗习惯、伦理道德及宗教礼仪等中吸收力量。[①] 对思想政治教育接受主体而言，其生存发展时空里可直觉感知的风俗习惯、文化传统等内蕴着稳定的价值行为取向。其二，文化要素对思想政治教育接受活动的影响体现出逻辑性。即文化要素在思想政治教育接受实践活动中，对接受主体的逻辑思维起着建构作用，有学者将其界定为，人这一主体对文化意义和价值的一种反思和抽象，其彰显着对文化本质的省思。[②] 现实世界中纷繁复杂的多样文化并非散乱无章，其内在蕴含着一定的文化结构与运行法则，当内蕴一定逻辑结构的文化作用于主体时，其作用影响也是存在逻辑结构的。在思想政治教育接受活动中，文化影响的这种逻辑性突出表现为其在推动接受主体思维方式与心理倾向不断趋同中的作用。由于诸多主客观因素的影响，不同接受主体的思维方式和心理倾向具有差异性，而当一定社会倡导的主流文化作用于各接受主体时，即可在一定程度上缩减不同接受主体思维方式和心理倾向的差异。其三，文化要素对思想政治教育接受活动的影响具有实践性。一方面，文化是社会实践活动的产物，具有鲜明的现实实践性，"无产阶级和革命人民改造世界的斗争，包括实现下述的任务：改造客观世界，也改造自己的主观世界——改造自己的认识能力，改造主观世界同客观世界的关系"[③]。围绕客观与主观世界的主体性改造活动推动文化的产生。同时，社会实践是人的主体性实践，其是具有一定文化意义的活动，脱离特定文化意义的活动消解着实践活动作为人的活动的特殊性，从这一角度而言，社会实践是文化的实践。为此，在对待传统文化的问题上，接受主体要在实践基础上对其性质做出合理评判。对传统文化不能简单化处理，既不

---

① 司马云杰. 文化价值论［M］. 合肥：安徽教育出版社，2011：12.

② 司马云杰. 文化价值论［M］. 合肥：安徽教育出版社，2011：13.

③ 毛泽东. 毛泽东选集：第1卷［M］. 北京：人民出版社，1991：296.

全盘否定，也非全面继承，扬弃的基础是其自身的性质。对其中的有益成分要积极继承与弘扬，并在实践中推进优秀传统文化的创造性转化和创新性发展；对其中的文化糟粕或不适应时代需求的部分，予以坚决批判、抵制，规避其不利影响。

三、评价要素

评价是思想政治教育接受实践活动的一个重要环节。一个完整的思想政治教育接受活动不仅包含接受主体选择、消化、吸收、接受思想政治教育信息、内容等接受客体的过程，同时也内蕴着对思想政治教育接受活动的评价。从这一角度来看，评价是一个具体的思想政治教育接受活动过程完结的标志，是一个新的思想政治教育接受活动过程的起点。通过对思想政治教育接受过程、接受结果、接受实践等的科学评价，有助于检验思想政治教育接受效果，优化思想政治教育接受过程，提升思想政治教育接受实效。因此，对思想政治教育接受活动而言，评价本身又具有重要的动力性功能。在不同的学科视野及分析框架下，评价具有不同的内涵，哲学意义上的评价一般是指对主客体之间价值关系的一种判断。基于此，研究者对何为思想政治教育的评价进行了深入的研究探讨。有学者指出，思想政治教育评价是在一定评价标准的作用下，通过定性与定量方法的综合运用，对过程和结果做出的一种价值判断。[①] 结合学界评价研究的相关成果，我们可以对思想政治教育接受评价的内涵做出一个初步界定：评价主体根据一定的评价目的、评价标准、评价原则，通过科学的方法和正确的途径，对思想政治教育接受活动做出价值判断的过程。需要注意的是，思想政治教育接受评价不是思想政治教育

---

① 王茂胜. 思想政治教育评价论 [M]. 北京：中国社会科学出版社，2006：45.

接受与评价的直接相加，也不是思想政治教育和接受评价的简单堆砌。作为思想政治教育接受动力要素的评价，其具有以下两方面的主要指向。首先，评价是对思想政治教育接受实践活动的一种价值判断，其具有鲜明的主体性，是思想政治教育接受活动合目的性与合规律性的有机统一。其次，评价要在思想政治教育接受实践的基础逐步推进。在思想政治教育接受实践中，主体的需要是可变的，其对思想政治教育接受价值的认知与把握也是不断变化的。因此，评价本身是一个运动发展的过程，绝非一劳永逸、一蹴而就。同时，这一过程的推进不能脱离科学方法的运用，"只有根据决定论的观点，才能做出严格正确的评价，而不致把什么都推到自由意志上去。"① 在此基础上，不断深化对思想政治教育接受本质特点与运行规律及思想政治教育接受价值关系的科学把握。具体而言，思想政治教育接受活动评价的主要内容应包含以下几方面：

其一，对思想政治教育接受过程的评价。在马克思主义视域下，世界是过程的集合物，过程是事物及事物展开的物质表征。思想政治教育接受过程是思想政治教育接受活动的具体展开，是思想政治教育接受实践的现实呈现。作为思想政治教育接受活动评价的重要构成，对思想政治教育接受过程开展科学、客观的评价是不断优化思想政治教育接受过程，提升思想政治教育实效性的前提。思想政治教育接受过程评价是对思想政治教育接受过程各参与要素相互关系及其运行状态开展的评价，有研究者对高校思想政治教育接受过程质量评价进行了深入分析，认为其"归根结底是对思想政治教育过程运行状态的评价，检查和评价思想政治教育过程在方向上是否协调一致；检查和评价思想政治教育过程是否做到了良性循环"。②一般而言，对思想政治教育接受过程的评价主

要包括：首先，评价思想政治教育接受过程开展的条件。这里的条件主要是思想政治教育接受过程展开的载体、手段、工具等各种硬件设施，对其是否完备、是否符合接受过程要求、能否正常运转等进行综合评估，以对思想政治教育接受过程能否展开、展开的风险、保障等做到心中有数。其次，评价思想政治教育接受过程的规模。主要包括对思想政治教育接受过程的物理空间、辐射范围、参与人员数量等进行评估，明确思想政治教育接受过程的实施场域与作用范围。最后，评价思想政治教育接受过程的结构。思想政治教育接受过程是由诸多要素共同参与实施的活动过程，各参与要素之间存在着一定的结构关系，构成接受过程的结构，即"思想关系的组成要素的排列组合方式，或说是各要素相互联系的方式"①，思想政治教育接受过程结构的评价主要围绕接受过程各参与要素之间的结合性、有机性、协调配合性进行。

其二，对思想政治教育接受结果的评价。对思想政治教育接受结果进行评价是思想政治教育接受活动评价的重中之重。当一个具体的思想政治教育接受活动完结时，总会存在一个或优或劣、或好或差的客观的思想政治教育接受结果。对思想政治教育接受结果开展评价是诊断思想政治教育接受中的问题，寻求针对性解决方案的基础。有研究者从量化评价和质化评价的角度把马克思主义意识形态接受结果量化界定为"马克思主义意识形态接受最终达到状态的量度"②。在思想政治教育实践中，对思想政治教育接受结果的评价应包含思想政治教育接受任务的完成、思想政治教育接受目标的实现及思想政治教育接受结果的影响因素三个维度。首先，评价思想政治教育接受的任务是否完成。思想政治

---

① 余仰涛. 思想关系学：思想政治工作原理［M］. 武汉：武汉测绘科技大学出版社，2000：105.

② 赵继伟. 马克思主义意识形态接受论［M］. 武汉：武汉大学出版社，2009：217.

教育接受活动承担着客观的实践任务，对其评价主要凸显为评价思想政治教育接受实践对思想政治教育接受相关方针、政策、规定的执行状况，对社会思想品德发展要求的传导状况等。其次，评价思想政治教育接受的目标是否实现。思想政治教育接受实践是具有鲜明目标指向的实践活动，其目标体系内涵丰富，既包括接受主体的思想政治教育接受目标，也内含思想政治教育接受队伍建设目标、理论建设目标、制度建设目标、环境建设目标等。因此，对思想政治教育接受目标的评价聚焦于接受主体是否接受思想政治教育信息、内容等接受客体，其思想品德素养是否处于进步状态；思想政治教育接受队伍建设水平是否得到提升；思想政治教育接受理论建设是否得以深化；思想政治教育接受环境建设是否得到优化；思想政治教育接受体制建设是否不断完善等。最后，评价思想政治教育接受结果的影响因素。思想政治教育接受是在一定因素作用下发生、发展的，影响因素对思想政治教育接受及其结果呈现具有重要意义。对思想政治教育接受结果影响因素的考察主要围绕党风、家风、校风等社会风气以及大众传媒等社会舆论展开。

其三，对思想政治教育接受效果的评价。效果不同于结果。一般而言，结果是事物运动演化的客观趋势与事实，其具有正向与反向、发展与落后、积极与消极之分。效果是事物发展变化的结果，其具有方向的进步性，是成果的一种具体表征。在思想政治教育接受评价中，如果说结果评价是针对思想政治教育接受实践活动达到的客观结果的评价，其主要着眼于好或坏、是与否的评价，是一种定性评价。那么，效果评价是对思想政治教育接受成果量的一种评价，是在定性评价基础之上进行的发展程度的评价。因此，对思想政治教育接受效果的评价主要包括以下几方面：首先，思想政治教育接受方针、政策、规定的执行程度评价。即对标思想政治教育接受相关方针、政策、规定，对其在思想政治教育接受实践活动中的实施程度做出客观评价。其次，思想政治教育接受原则实施程度的评价。思想政治教育接受原则对开展思想政治教育接受实践活动具有方法论指导意义，对其实施程度做出评价是全面把握思想政治教育接受效果的客观要求。再次，思想政治教育接受目标实现程度的评价。思想政治教育接受目标的实现程度是衡量思想政治教育接受实效的重要标尺，对思想政治教育接受目标实现程度的客观把握是思想政治教育接受效果评价的核心内容。最后，思想政治教育接受任务完成程度的评价。接受任务完成程度是接受实效的一种现实表征，通过对接受任务在不同阶段实现程度的比较分析，实现思想政治教育接受任务完成程度的评价。

其四，对思想政治教育接受活动的整体评价。整体性评价是一种宏观评价，其评价对象围绕接受活动的整体展开，具有系统性、全局性。就接受活动评价的具体展开而言，对思想政治教育接受过程、接受结果、接受效果的评价均是针对思想政治教育接受实践活动的某一阶段、某一部分进行的局部性评价，而思想政治教育接受活动的整体评价则是立足思想政治教育接受实践活动全程的一种系统性评价。因此，对思想政治教育接受活动的整体评价可分为对思想政治教育接受活动实施之前、思想政治教育接受活动实施之中、思想政治教育接受活动实施之后的评价。首先，对思想政治教育接受活动实施之前的评价，其主要围绕思想政治教育接受活动的决策展开，如思想政治教育接受活动的目标与任务设置是否科学、对象的选择是否合理等。其次，对思想政治教育接受活动实施之中的评价，其主要是对思想政治教育接受活动的实施与管理进行宏观性评价。如思想政治教育接受活动的实践载体是否适宜、实施方法是否恰当等。最后，对思想政治教育接受活动实施之后的评价。对思想政治教育接受活动实施之后的评价是从整体上把握一个具体的思

想政治教育接受活动的最后一环。思想政治教育接受活动实施之后取得
了哪些成效、存在哪些问题、对思想政治教育接受活动进行了哪些总结
反馈等是思想政治教育接受活动实施之后评价的主要内容。

第三章

思想政治教育接受动力的生成

在思想政治教育接受活动中，思想政治教育接受动力要素和思想政治教育接受动力是两个不同的范畴。思想政治教育接受动力要素是推动接受主体接受思想政治教育信息、内容等接受客体的动力性因子的集合，其只有经过动力性转化才能真正对思想政治教育接受形成动力作用。因此，思想政治教育接受动力要素是思想政治教育接受动力的前隐存在形态。思想政治教育接受动力是推动思想政治教育接受的力的集合，也是思想政治教育接受动力要素在接受实践中相互作用的结果表征。我们通常所提到的思想政治教育接受动力，一般是指思想政治教育接受动力要素实现动力性转化后形成的各种作用力。从学术探讨的角度，我们有必要对二者加以区分，研究思想政治教育接受动力的具体生成。"世界不是既成事物的集合体，而是过程的集合体。"[①] 在明晰思想政治教育接受动力要素的基础上，分析探讨其动力性转化问题，对于深化把握思想政治教育接受动力的生成具有重要意义。

---

① 中共中央马克思恩格斯列宁斯大林著作编译局．马克思恩格斯选集：第 4 卷 [M]．北京：人民出版社，2012：250．

第一节　思想政治教育接受内在驱动要素的动力性转化

如前所言，在思想政治教育接受这一实践活动中，我们将接受主体自身具有的能够对其接受思想政治教育起推动作用的内生性因素称为思想政治教育接受的内在驱动要素。需要要素、价值判断要素、矛盾要素是思想政治教育接受内在驱动要素的主要构成，其生发于接受主体内部，并在思想政治教育接受实践活动中通过交互作用实现动力化，推进思想政治教育接受主体内在动力的不断生成。

一、需要要素的动力化

就思想政治教育接受实践活动而言，需要是推动接受主体接受思想政治教育的一种极重要的动力要素。"高校思想政治教育过程当中，受教育者个人内在的需要推动其自我'接受'。"[①] 接受主体对思想政治教育的接受程度很大意义上取决于接受主体的需要能否得到满足以及在何种程度上得以满足。目前，需要之于个体发展的本源性意义已得到较充分的学理探讨和实践论证。在马克思主义视域下，生存的需要、享受的需要、发展的需要构成了人类社会及个体需要的主要内容，并以此为分析脉络系统论述了个体在寻求生存与发展过程中对自然、社会以及精神世界的追求与依赖。处于一定社会关系中的个体为了生存必然有一定的自然需要，自然和社会的需要是个体生存的必需品。同时，精神世界的丰盈是个体在生存的基础上获得高层次发展及实现自我价值的重要一

[①] 李合亮. 提高思想政治教育可接受性的策略探析 [J]. 思想教育研究，2020（1）：37.

环。正是基于需要之于个体生存发展的这种极端重要性，毛泽东在谈到动员群众问题时强调，群众积极性的调动与激发和实际生活问题的解决密切相关，如"盐的问题，米的问题，房子的问题，衣的问题，生小孩子的问题，解决群众的一切问题"①。精神分析学派主要代表人物弗洛伊德认为，人的行为主要是受本能需要的驱使，在需要的驱动下主体人格得以塑养。② 可见，需要关切个体的生存与发展已得到较为普遍的认同。作为个体的内源性诉求，需要是思想政治教育理论和实践中的关键课题。值得进一步探讨的是，需要对个体的这种生存发展的重要作用在实践中是如何实现的，即需要的动力性是如何形成并发挥作用的。具体到思想政治教育接受活动而言，需要是思想政治教育接受的重要动力要素，但接受主体的需要对思想政治教育接受并不直接具有动力性功能。需要作为思想政治教育接受的本源性动力因子，为接受主体提供了接受思想政治教育的潜在可能，但其尚未表现为接受思想政治教育的现实性动力。动力转化的任务即是把接受主体所具有的这种潜在动力，转化为推动接受主体基于满足需要而产生的接受思想政治教育的现实力量。

在思想政治教育接受实践中，需要要素的动力性转化具体表现为需要—欲望—动机—行为这一过程：

首先，需要—欲望是需要要素动力化的第一个环节。欲望与需要直接相关，是需要实现动力性转化的第一个环节表征，其"是人在一定现实情况下的需要的直接表现形式。它直接地、直观地表达着主体的需要"③。个体的内在需要可直接生成其想要实现的欲望，如饥饿时有满足食欲的欲望，消沉时有情绪激发的欲望等。可以说，个体的欲望是其

---

①　毛泽东. 毛泽东选集：第 1 卷［M］. 北京：人民出版社，1991：138-139.

②　弗洛伊德. 精神分析引论［M］. 洪天富，译. 南京：译林出版社，2018：89.

③　李德顺. 价值论［M］. 北京：中国人民大学出版社，2007：188.

需要的最直接反映，但不能据此将欲望等同于需要。欲望在表征需要的同时受多重因素的综合影响，在马克思主义视域下，主体愿望来源于激情或者思虑，而主体激情、思虑的影响因素是多维的、复杂的，"如功名心、'对真理和正义的热忱'、个人的憎恶，或者甚至是各种纯粹个人的怪想"①。因此，相较于需要而言，欲望更加凸显个体的主体属性，在一定情形下带有更为鲜明的主观片面性和狭隘性。从需要转化为欲望的那一刻起，它就可能变形、分化②，当欲望在主体需要及客观条件的规约之下时，其是可控的、合理的；反之则会带来欲望的野蛮生长，产生相应的消极影响。鉴于此，正确处理欲望与需要的关系关乎需要要素的科学把握。

其次，欲望—动机是需要要素动力化的中间环节。动机是在个体需要、欲望的刺激下推动其开展活动以实现一定目的的内在力量。它是"欲望延伸到人的行为领域，同行为相联系的结果"③，在马斯洛提出的人类动机层次观中，人类的高层次动机指向成长，并伴随愉快的体验。④ 动机对于个体内在需要最终转化为相应行为表现至关重要，恩格斯指出，"就单个人来说，他的行动的一切动力，都一定要通过他的头脑，一定要转变为他的意志的动机，才能使他行动起来"⑤。在思想政治教育接受实践活动中，接受主体的需要及其引发的欲望促使其产生从事一定行为的欲念和力量，从而生发相应的行为动机。同时，需要注意的是，个体的行为动机既受其内在需要的刺激，也受到目标、奖惩等外

---

① 中共中央马克思恩格斯列宁斯大林著作编译局. 马克思恩格斯选集：第4卷 [M]. 北京：人民出版社，2012：254.
② 李德顺. 价值论 [M]. 北京：中国人民大学出版社，2007：191.
③ 李德顺. 价值论 [M]. 北京：中国人民大学出版社，2007：189.
④ 叶亦乾. 现代人格心理学 [M]. 上海：上海教育出版社，2005：234.
⑤ 中共中央马克思恩格斯列宁斯大林著作编译局. 马克思恩格斯选集：第4卷 [M]. 北京：人民出版社，2012：258.

在诱因的影响，这里的关键是个体意志的充分显现与作用。在主体意志的作用下，个体需要这一内在刺激与目标、奖惩等外在诱因得以协调，从而推动主体形成实现一定欲望的动机。

最后，动机—行为是需要要素动力性转化的最后一环，动机与行为具有直接相关性。在需要要素动力性转化过程中，如果说动机是接受主体生发的满足一定需要与欲望的内在实现过程，那么行为即是这种过程的外化。"而这许多按不同方向活动的愿望及其对外部世界的各种各样作用的合力，就是历史。"① 历史进程的逻辑起点，也是思想过程和行为过程的逻辑起点，行为的这种价值意义在需要要素动力性转化中凸显为行为是需要要素动力性转化的最终呈现。在思想政治教育接受实践活动中，需要要素的动力化遵循这样一个基本逻辑，即接受主体在一定需要的刺激下生发相应的欲望，在欲望的作用下形成一定的行为动机，在动机的驱动下生成带有目的导向的现实行为。因此，接受主体具体行为的形成标志着一个具体的需要要素动力性转化过程的完结，行为导向是需要要素动力作用的根本性表征。

简言之，作为思想政治教育接受的内在驱动要素，需要指向欲望，欲望引发一定的动机，动机促使相应行为，需要—欲望—动机—行为构成了"需要"这一动力要素的动力化实现过程。同时，现实中的人的需要又是无限发展着的，"人以其需要的无限性和广泛性区别于其他一切动物"②。旧的需要得到满足后又会在实践基础上生发新的需要，引起新的欲望、动机与行为，从而引发新的需要要素的动力性转化过程。在需要—欲望—动机—行为的循环运动中，接受主体不断提升自我思想

---

① 中共中央马克思恩格斯列宁斯大林著作编译局．马克思恩格斯选集：第4卷 [M]．
北京：人民出版社，2012：254.

② 中共中央马克思恩格斯列宁斯大林著作编译局．马克思恩格斯全集：第49卷 [M]．
北京：人民出版社，1982：130.

品德素养，在自我完善中追逐人生价值。值得关注的是，一定阶段内个体的需要或具有多样性，但总有一种需要占据主导地位，是个体优先考虑予以满足的，有学者将之称为"优势需要"。在现实实践中，处于不同历史时期与发展阶段的接受主体的优势需要具有一定的差异性，那么接受主体的欲望诉求、动机行为也呈现出诸多不同。因此，对以促进人的自由全面发展为最终指向的思想政治教育活动而言，应科学把握不同接受主体、同一接受主体在不同阶段的优势需要，充分重视引导接受主体正确认识自我需要和欲望，在合理欲望和动机的驱使下开展相应行为。基于此，有必要从"供给侧改革"视角来审视思想政治教育接受中需要要素的动力化过程。一方面，思想政治教育要能够向接受主体提供具有引领力的供给产品，刺激、塑造接受主体对供给产品的需求，激发其接受欲望。另一方面，思想政治教育供给方应对接受主体的需要状况予以综合考量，明晰其内容、结构与优先层级等，在此基础上，对合理需要予以满足，对不合理需要予以规引，提高思想政治教育活动的针对性与有效性。

二、价值判断要素的动力化

价值判断要素动力性转化的实现是思想政治教育接受动力的重要来源。在思想政治教育接受实践活动中，接受主体在一定价值心理、价值观念的作用下，依据一定的价值评价标准对思想政治教育接受活动做出价值判断。当价值判断趋向积极时，往往生发出接受思想政治教育的强大动力；当价值判断趋向消极时，则会阻碍接受主体思想政治教育接受的实现。在哲学视域下，事实有科学事实和价值事实之分。因此，在把握事物存在时要正确区分科学事实与价值事实，在价值判断中要对两者各自的本质内容、逻辑边界、现实表征等形成正确认知。与此同时，现

实中的价值关系是复杂而多样的，不同接受主体之间、同一接受主体在
不同的发展阶段的价值心理、价值观念等也是不尽相同的。为此，接受
主体价值判断要素动力化的实现就需在这种纷繁复杂的多样性中依据自
身的知识、能力、意愿、偏好等建立起具体的价值关系，并在实践基础
上推进其深化发展，这在客观上要求接受主体要不断提升自身的价值判
断能力，在健康的价值心理、科学价值观念和有效的行为方法中推动价
值判断的实现。从价值判断的依据角度来看，在思想政治教育接受实践
活动中，接受主体的价值判断主要包括以下两种情形。一是以行为目的
为依据进行价值判断。目的的导向性对接受主体的价值判断具有规约作
用，因此，思想政治教育接受主体可在明确的行为目的的指引下对思想
政治教育接受活动进行价值判断。二是以接受主体的主体性要素为依据
进行价值判断。接受主体已有的认知能力、情感态度、价值偏向等主体
性要素对价值判断具有潜移默化的影响。其中，"价值认知是个体与价
值选择对象之间关系在思维系统方面逐渐积累起来的认知结构，对于接
受新的选择对象与价值判断具有筛选、甄别、预设等作用"①。接受主
体在诸多主体性要素的共同作用下对思想政治教育接受活动做出价值判
断。值得注意的是，现实生活复杂多样，接受主体往往同时受多重因素
的综合影响，其围绕思想政治教育接受活动进行的价值判断也多是两种
情形兼而有之。价值判断要素的动力化在价值判断的展开过程中得以实
现，凸显于接受主体的价值判断实践。

其一，价值判断意识的凝聚。在价值判断实践过程中，价值意识充
当着具体的价值判断行为的向导，是价值判断得以成行的前提性条件。
作为主体性存在，接受主体在实践基础上形成关于价值判断的一种观念

---

① 袁贵仁. 价值学引论 [M]. 北京：北京师范大学出版社，1991：32.

性反映，并在这种观念性反映的先导作用下展开价值判断。价值与意识是具有各自本质内涵与发展逻辑的两个范畴，同时，两者又紧密相关。这种相关性在价值判断过程中集中体现为价值与主体意识的关联性。有研究者指出，价值与意识的联系之密切反映在价值本身即是主体情感在所面对事物上的一种投射。① 因此，意识之于价值判断不仅重要，而且具有突出的必要意义。接受主体的价值判断意识是在价值判断实践中生成、发展的，价值判断实践是价值判断意识产生的根源。同时，接受主体的价值判断意识最终落脚于接受主体的现实实践。实践既是接受主体的基本存在方式，也是接受主体形成一定价值判断意识的基础，更是检验接受主体价值判断意识的最高标准。鉴于此，接受主体立足于接受实践，树立科学的价值判断意识成为思想政治教育接受主体规范自身价值判断行为的题中应有之义。在思想政治教育接受实践活动中，接受主体的价值判断要素要实现动力性转化就需正确把握价值判断意识与实践的关系，科学地看待价值判断意识，并在实践发展基础上不断推进价值判断意识的凝聚与深化，助力价值判断要素动力性转化的实现。

其二，价值判断标准的确立。思想政治教育接受主体根据什么做出优与劣、好与坏、先进与落后的判断，一事物的优与劣、好与坏等又是由什么来决定的，对上述问题的科学解答就不能不涉及思想政治教育接受主体的价值判断标准。在马克思主义视域下，价值判断标准是客观内容与主观形式的具体统一，"评价标准是一种主体性的意识，它以种种主体化的价值意识形式表现出来，同时反映着主体本身的客观需要和利益"②。价值判断标准的这种客观与主观的统一属性决定了接受主体价值判断标准的多样性与复杂性。不同的接受主体具有差异化的生活背

---

① 何颖. 非理性及其价值研究 [M]. 北京：中国社会科学出版社，2003：84.
② 李德顺. 价值论 [M]. 北京：中国人民大学出版社，2007：256-260.

景、现实诉求，也具有各自独特的发展需要与情感倾向。因此，在明确价值判断标准时，不同接受主体的考量因素及各因素间的权重比例不尽相同，但合目的性与合规律性的统一是各接受主体在确立价值判断标准时应坚守的基础性原则。首先，价值判断是主体基于价值关系做出的评判行为，能否满足接受主体需要及其需要满足的程度直接关切接受主体的价值判断。因而，接受主体价值判断标准的确立必然以其需要的满足为重要依据。在具体的思想政治教育接受实践中，接受主体的价值判断标准内含需要因子，具有突出的主体目的性。其次，价值判断不仅要合乎目的性，同时也要合乎规律性。在思想政治教育接受实践中，价值判断既关涉接受主体的规定性，也涉及接受客体的规定性，接受主体的价值判断过程是自身内在规定性与接受对象客体规定性的统一过程。同时，作为一种价值活动，价值判断本身亦具有其内在的展开、演化逻辑，价值判断标准的确立需在这种发展逻辑中进行。

其三，价值判断程序的践行。在凝聚价值判断意识、确立价值判断标准的基础上，价值判断程序的践行是价值判断要素实现动力化的重要环节。价值判断实践具有一定的开展顺序，是在一定程序中进行的，这种程序性在实践中集中体现为价值判断的过程性。马克思主义认为，事物是过程的集合，过程的展开是事物生存发展的现实注脚。就思想政治教育接受主体的价值判断而言，其过程性主要表现为以下几方面：一是接受主体本身的过程性。作为实践中的主体性存在，接受主体自身的生理机能、精神状态、认知能力等都处于发展变化之中。如随着实践的推进，接受主体的思想观念、认知能力、情感态度、价值取向等是不断发展变化的。同时，其对自我内在及外在世界的感知也非一成不变，接受主体本身即是一种过程性表征。二是接受主体与接受客体间价值关系的过程性。一方面，接受主体的需要及满足需要的方式、方法是不断发的；另一方面，接受客体也是发展中的存在。因此，在思想政治教育接受实践中，接受主体与接受客体间的价值关系也具有鲜明的过程性。过去某一阶段的价值满足不能指代现在与将来的价值满足，一时的价值关系也无法代表长久的价值关系。三是接受主体价值判断活动的过程性。价值判断活动是一种活动过程，接受主体价值判断意识的凝聚、接受主体对价值关系的把握、对价值判断标准的选取以及价值判断行为的具体实施等都要经历一定的发展过程，都是过程的产物。接受主体正是在这样的实践过程中推动着价值判断的实现。

三、矛盾要素的动力化

矛盾要素是思想政治教育接受内在驱动要素的重要构成，其顺利实现动力性转化对思想政治教育接受动力的生成意义重大。由前文分析可知，思想政治教育接受活动中的基本矛盾及其具体展开均与接受主体的需要紧密相关，因此，矛盾要素动力化的实现是在满足接受主体合理需要的过程中实现的。研究矛盾要素动力性转化的关键是探讨接受主体合理需要的满足及其在矛盾转化中的作用。

（一）合理需要的界定

如前所述，接受主体的需要及其满足是思想政治教育接受动力的重要来源，接受主体的需要具有多样性、层次性与发展性等多重属性。同时，从需要应否满足、可否满足的角度来看，接受主体的需要具有合理与不合理之分。在接受主体的需要系统中，那些符合社会生产力发展要求及现行社会道德规范，能够推动个体思想品德素养养成的需要具有合理性，反之则不具有合理性或者不具有现时合理性。这意味着在思想政治教育接受实践中，要注重对接受主体的需要进行合理与否的科学判别与区分，既不忽视接受主体诉求，也不盲目满足其所有需要。接受主体合理需要的科学判定受多种因素的复合作用，一般而言，合理需要应具有以下两方面特征：其一，符合社会发展要求。对社会发展需要的满足是思想政治教育存在价值的重要彰显，思想政治教育是以传导社会主流意识形态，培养时代发展所需人才为重要旨归的实践活动。其二，符合接受主体道德发展诉求。需要是主体发展期待的重要表征，接受主体的需要应是其现有道德发展水平及其期待的科学呈现。在思想政治教育接受实践活动中，合理需要总是符合接受主体道德发展诉求的需要。接受主体需要合理与否的判别意味着对接受主体的合理需要应予以及时满足，推动接受主体动力的生成。同时，对于不符合社会发展要求及个体道德发展诉求的需要应加以科学引导，通过针对性引导矫正产生不合理需要的认知偏差，促使接受主体走出不合理需要的桎梏，积极寻求合理需要。为此，要尤其注重接受主体马克思主义需要观的教育工作。通过系统的马克思主义需要观教育，使接受主体认识到"我们的需要和享受是由社会产生的；因此，我们在衡量需要和享受时是以社会为尺度，而不是以满足它们的物品为尺度的"①。需要的合理性是社会要求与个体诉求的有机统一体，需要"归根到底是由个人和社会的辩证统一关系决定的"②。从而引导接受主体将自我发展需求置于社会发展图景中予以统筹考量，树立符合实践需求、时代要求及个体发展诉求的合理需要。

（二）合理需要的满足

在对接受主体的需要进行合理判定的基础上，如何满足其合理需要成为亟待解决的一大命题。接受主体合理需要的满足应从以下两方面入

---

① 中共中央马克思恩格斯列宁斯大林著作编译局 . 马克思恩格斯选集：第 1 卷［M］. 北京：人民出版社，2012：345.

② 裴德海 . 马克思"需要理论"的价值向度［J］. 安徽大学学报（哲学社会科学版），2009（1）：5.

手。其一，尊重接受主体的合理需要。尊重接受主体的合理需要集中表现为对接受主体合理需要多样性与层次性的承认与把握。随着社会的深化发展，社会结构不断分化，社会群体的多元与异质倾向愈加鲜明。由于身处不同的社会关系网中，日趋分众的接受主体具有不同的思想道德素质，差异化的精神发展诉求。为此，深刻把握接受主体需要的多样性与层次性，要求从"现实的人"出发，观照接受主体的现实生活状况和思想道德实际，了解其具体需求。"我们的阐述自然要取决于阐述的对象。"① 对接受主体需要的科学认知应立足于接受主体所处的具体现实，在因事而化、因时而进、因势而新中对接受主体的发展需求进行网状分析，明晰接受主体内在需求的内容构成、表现形式及其相互关系，对接受主体不同需求取向、需求结构等进行深入研究。在此基础上，不断深化把握接受主体需要的多样性与层次性。其二，创新合理需要的满足方式。推动满足需要的方式方法的创新发展是思想政治教育实效性的客观要求。满足需要的方式方法适应需要自身特点时，即能够推动需要的深化满足，也能为历史发展所接受；相反则要为历史所抛弃。② 需要满足方式方法的创新关涉接受主体需要满足的程度。在思想政治教育接受实践中，由于接受主体在思维方式、接受心理等方面存在差异，其所期待的需求满足方式也表现出差异性。为此，在具体分析接受主体合理需要及其期待的基础上，要推进需要满足方式方法的创新，提高接受主体需要满足的针对性，从而在满足方式的创新中提升接受主体需要的满足程度。

---

① 中共中央马克思恩格斯列宁斯大林著作编译局. 马克思恩格斯文集：第 1 卷 ［M］. 北京：人民出版社，2009：253.
② 张耀灿，郑永廷，吴潜涛，等. 现代思想政治教育学 ［M］. 北京：人民出版社，2001：377.

（三）满足合理需要在矛盾转化中的积极作用

在思想政治教育接受实践活动中存在诸多矛盾，需要是思想政治教育接受矛盾的重要方面，同时需要的满足也是推动接受矛盾运动的重要力量。因此，在考量矛盾要素的动力转化中把握主体需要的满足是接受矛盾的本质规定。接受主体的需要与一定政治经济文化间的关系是双向性的，前者受后者的规约，后者也受前者的影响。^①就思想政治教育接受主体需要而言，其生成于特定的社会现实，是接受主体对现实需求的对象化反映，而主体需要的满足可在一定程度上反作用于具体现实，推动思想政治教育接受矛盾的积极转化。新时代背景下，思想政治教育应对接受主体需求加以引导，在思想政治教育接受活动实践中注重满足接受主体的合理需要，从而不断凝聚思想共识，促进价值认同，推动接受主体与社会要求的良性互动，激发思想政治教育接受的内生动力。

第二节　思想政治教育接受外在导向要素的动力性转化

与思想政治教育接受的内在驱动要素相似，外在导向要素也须经过动力性转化方能实现动力作用。环境要素、文化要素、评价要素等外在导向要素在思想政治教育接受实践中实现着自身的动力化，转化为接受主体接受思想政治教育的推进力量，成为思想政治教育接受动力的重要构成。

---

① 孙其昂，叶方兴. 思想政治教育社会学的理论探索［M］. 南京：河海大学出版社，2016：51.

一、环境要素的动力化

环境要素的动力性转化为思想政治教育接受提供重要动力，其动力作用主要是指通过充分发挥接受实践中的物质实体与精神实体所蕴含的思想政治教育接受价值，来激发接受主体接受思想政治教育信息、内容等接受客体，以推进思想政治教育接受进程。鉴于此，环境对思想政治教育接受的重要意义主要表现为环境要素对思想政治教育接受的动力性作用，这种动力性作用具有客观性：首先，它是环境要素自身属性的必然。作为一种客观存在，环境要素普遍广泛地存在、作用于一定事物的产生和演化，是事物生存和发展的必要参与者。环境的内涵十分丰富，依据不同的分类标准可将其划分为不同的内容构成，呈现出多样的层级结构形态。同时，环境的作用方式也不尽相同，既具有直接作用的外显性，也具有润物无声的潜引性等。上述不同方面的多样性实质上共同彰显着环境要素的内在属性，即环境对其所辐射事物的影响作用。其中，无论是积极影响，抑或消极影响，其对于事物的发展演化而言都具有不可忽视性。其次，它是环境要素与思想政治教育接受实践关系在功能维度的具体表征。概言之，环境与思想政治教育接受实践活动之间存在着双向互动关系。一方面，环境是思想政治教育接受的平台、载体，一定的经济政治社会环境决定了特定阶段思想政治教育接受实践实施的水平、方式甚或实际效果；另一方面，思想政治教育接受实践也反作用于环境，对环境的变化发展起着或积极或消极的影响，改变、创新着环境的存在样态。环境要素的动力化作用是这种双向互动关系的现实呈现。具体而言，环境之于思想政治教育接受实践的必要性和重要作用在接受主体是否接受以及在何种程度上接受思想政治教育这一问题中得到充分显现。与接受主体需要相适应的环境有助于推动需要的实现与满足，相反则会起到阻碍作用。环境要素的动力化过程即是规制环境要素的消极方面，充分发挥环境要素对思想政治教育接受积极作用的过程。

其一，环境要素在思想政治教育内化过程中的动力化。内化是思想政治教育学科中的重要范畴，其最初是作为社会学概念提出的，后被心理学家广泛运用。思想政治教育的内化即"教育者传授的思想政治教育目标、内容和要求，转化为受教育者个体意识，是由外在的知识、理论、规范向个体内在思想领域转化的过程"①。因此，内化指向认同与接受，其内在包含意识主体的转换。内化之于思想政治教育接受过程的重要性不言而喻，对内化的科学理解是深化把握接受过程的基础。同时，接受过程中的要素构成如接受主体、教育主体等是一定环境中的主体存在，从而考量思想政治教育的内化问题不能不将环境要素纳入其中，不能不将环境要素的影响作用置于思想政治教育接受的宏观过程统筹考虑。环境在接受主体内化思想政治教育客体的过程中发挥着重要动力作用，其主要具有以下两方面表现：首先，环境内含的物质要素和精神要素可激发接受主体的内化动力。在思想政治教育接受实践中，环境当中的物质要素为思想政治教育接受活动的展开以及接受主体接受思想政治教育提供了坚实支撑。此外，环境当中的文化要素有助于接受主体以更积极的精神状态、更完备的理论知识储备以及与社会发展要求更为契合的思想品德素养参与思想政治教育接受实践活动。在此基础上，接受主体已有的前结构理念与思想政治教育接受客体之间的同构性得以提高，从而推动接受主体对思想政治教育客体内化的实现。其次，环境要素为思想政治教育接受提供着内化情境。接受主体的思想政治教育接受实践是在一定的接受情境中发生的，其中内化情境是思想政治教育接受

---

① 《思想政治教育学原理》编写组. 思想政治教育学原理［M］. 北京：高等教育出版社，2016：21.

情境的重要组成部分。内化情境是指接受主体内化思想政治教育客体时的具体环境构成。就思想政治教育接受活动而言，接受主体对思想政治教育信息、内容等接受客体的内化过程实质上是接受主体在外部环境的作用下内在知、情、信、意、行等方面因素的矛盾运动过程。环境要素为这一内在矛盾运动过程提供着具体的情境设置，为接受主体将思想政治教育信息、内容等接受客体内化于心创设环境。

其二，环境要素在思想政治教育外化过程中的动力化。外化过程中环境要素的动力性转化是环境要素动力化的重要形式。思想政治教育接受实效的获得一方面依赖于接受主体在对思想政治教育信息、内容等接受客体进行选择、消化、吸收的基础上，将其纳入个体的思想品德系统，使之成为接受主体思想品德系统的一个组成部分，即实现接受客体的内化于心。另一方面，外化为行是思想政治教育接受实效的重要表征。接受主体在对思想政治教育信息、内容等接受客体进行选择、消化、吸收，完成其内化的前提下，以其作为个体行为的向导，并在实践中养成相应的行为习惯。唯有此时，才能说接受主体完成了一个具体的思想政治教育接受实践。因此，内化与外化的相互融合构成了思想政治教育接受实效的完整内涵。其中，接受主体在相应思想品德素养作用下的行为表现是接受实效的最终体现，而环境作为思想政治教育的重要范畴，其对思想政治教育外化的实现具有重要作用。环境要素对接受主体外化思想政治教育接受客体的动力作用主要表现为：首先，环境内含的物质要素和精神要素激发接受主体的外化动力。在思想政治教育接受实践活动中，环境内含的物质要素在为接受主体外化行为提供物质实体的同时，良好的物质环境有助于接受主体生发出改造自然与社会，创造更大的物质财富来满足需求的欲望。此外，得到满足的主体物质需要又会激发主体强大的行为动机，推进外化行为的实现。同时，环境中的精神要素对于接受主体的外化动力具有刺激作用，精神世界与主体活动的融合能够激发主体强烈的创造性力量。① 这种激励作用有助于接受主体把观念性的意识形态付诸实践行动，转化为改造客观世界的实际力量。其次，环境要素提供着思想政治教育的外化情境。如前所言，思想政治教育接受是在一定的接受情境中展开的。环境要素不仅为接受主体内化思想政治教育客体提供着具体情境，同时也创设着外化情境。外化情境的创设创新有助于消解接受主体知而不行或知行转换环节的阻碍因素，推进接受主体观念获得与行为实践的同构，助力知行合一的实现。

二、文化要素的动力化

在事物存在和发展过程中，文化的影响可谓无处不在。就思想政治教育接受实践活动而言，文化既影响思想政治教育接受存在的方式，也构成了思想政治教育接受的重要动力来源。文化要素的动力化是思想政治教育接受深化发展的保障力量。文化要素动力性转化的实现关涉如何理解文化要素的动力化、文化要素为何要动力化以及如何实现文化要素的动力化等系统性问题，关于如何把握及为何要推动文化要素的动力转化问题，前文已从文化和文化动力相区别的角度进行了探讨，这里着重分析文化要素对思想政治教育接受的动力作用如何实现的问题。在思想政治教育接受实践活动中，对思想政治教育接受起到动力作用的文化要素体现出以下几方面特点：一是具有包容开放性。文化要素对思想政治教育接受动力作用的充分实现意味着文化本身要能够兼容并蓄，要具有突出的包容性、开放性。包容指向互鉴，开放指向多元。习近平总书记在多次讲话中反复强调，文明在交流中丰富，文明在互鉴中发展，文化

① 章凯. 目标动力学：动机与人格的自组织原理［M］. 北京：社会科学文献出版社，2014：112.

只有交流互鉴才能保持旺盛的生命力，而富有生命力和包容性的文化有助于激发接受主体的创新、创造热情，使其以更为积极的心态看待思想政治教育活动。文化的开放意味着多元，意味着不同思想、观点、理念的激荡与碰撞，这有助于在坚持马克思主义主导地位的同时推动不同文化理念的融合协同，为接受主体的思想政治教育接受实践创设文化氛围。二是内蕴理性指向。思想政治教育接受实践受多重文化因素的影响，这些文化因素内涵丰富，形式多样，为接受主体提供了多元化的文化视野与思想资源，有助于促使接受主体树立科学的文化观念。在此基础上，推动接受主体以理性辩证的态度面对新的思想、理念、观点，积极寻求其与主体需要的契合，与已有思想品德素养的同向。三是突出的人文诉求。在思想政治教育接受实践活动中，文化要素凸显出鲜明的人文诉求。接受主体的需要、发展、尊严、个性等是思想政治教育文化要素作用实现的影响因子，也是文化要素致力于解决的重要命题。思想政治教育接受文化要素的动力化具有以下两方面表征：

其一，文化的价值引领力。接受主体的思想政治教育接受实践是在诸多文化要素影响下做出的价值判断行为，文化要素在思想政治教育接受实践中起着价值引领的重要作用。所谓价值引领是文化作为一种潜在的影响因子内在于个体发展和社会发展之中，并通过情感、态度、信念等形式对个体价值观念及社会整体的价值理念产生引领。文化要素的这种价值引领力是文化功能性表征的一个重要方面。文化形成发展于一定的经济、政治、社会基础之上，特定的经济水平、政治环境、社会氛围决定了文化的本质内涵、存在方式及发展倾向等。同时，文化也在一定程度上改变着经济、政治、社会的存在样态，对其产生反向作用。其中，价值引领力是文化反作用的突出表现。文化的价值引领力集中体现于：首先，个体的价值发现。所谓个体的价值发现是人这一主体的自我存在价值及意义的觉醒。作为一种主体性存在，人的自我意识是其生存和发展的根本，是人所以为人的本质属性。但人是现实生活中的人，人的自我意识须建立在现实实践的基础之上，这决定了个体的自我意识不是一蹴而就的，而要经历一个不断发展的过程。文化在个体自我意识觉醒过程中扮演着重要角色，个体的自我价值发现是文化长久持续发展所赋予个体的能力。可以说，文化的每一重大进步，都推动着个体在新的文化视野和更为宏观的现实世界中审视自我，深化对自我存在价值和意义的认知。其次，群体的价值认同。文化的价值引领力在个人层面体现为自我价值的发现，在社会层面体现为群体的价值认同。个体的需要、欲望、动机等都与一定的社会生活相联系，是一定社会环境的产物。在现实实践中，个体的生存生活环境不尽相同，以其为基础的个体的价值观念等也是存在差别的。文化的创造与积累为不同价值观念的交流融合提供了内源性动力，其推动不同个体在沟通交流中实现价值观念的同构，促使个体价值观念上升为群体价值观念，有力推进着群体价值认同的实现。

其二，文化的辐射渗透力。文化要素动力作用的另一主要表现为文化具有辐射渗透力。文化是人类活动的产物，同时，文化也在建构着人类世界。这种双向互动性推动着个体及人类社会的发展进步，无论是宏观层面的社会发展，还是中观层面的集体发展，抑或微观层面的个体发展无不在一定文化作用的影响下展开，无不是文化力量的彰显。文化的辐射渗透力是文化力量的重要内涵，是文化对个体及人类社会发展动力作用实现的一大表征。文化的辐射力和渗透力分别从广度和纵度两个维度探讨文化力量，其中文化的辐射力指向文化的作用范围，是广度的文化力量；文化的渗透力指向文化的作用纵向，是纵度的文化力量，两者构成了文化力量的不同形态和丰富内涵。现实生活中，两者多是交叉融合的，文化的辐射力、渗透力并存于文化实践中。一是文化的辐射力。如前所言，辐射力是作用范围的表征，文化辐射力指代文化在个体与社会发展中的作用范围，是文化作用力量的彰显。"文化力量不是整齐划一的，其能量大小取决于吸引力、辐射力和传播能力。"① 同时，不同的文化之间，同一文化在不同的发展阶段，其辐射力也并不总是一致的。一般而言，同时并存的多种文化往往形成一定的文化圈，文化的辐射力量从中心向外递减，离中心越近，辐射力量越大；反之，辐射力量越小。其中处于辐射中心的文化在该文化圈中具有主导地位，对个体和社会发展施加主要影响。接受主体的思想政治教育接受既受到来自主导文化的辐射影响，也接受非主导文化的影响作用，是多种文化共同作用的结果。正是在这些不同文化的辐射影响下，思想政治教育接受实践不断向前推进。二是文化的渗透力。渗透力是文化力量的纵向表达，文化的渗透力与文化自身的属性紧密相关。现实实践中，文化无处不在。相较于物质实体，文化实体不易像物质实体那样可直接感知，其作用方式也具有潜移默化性，这意味着文化能够以内在于个体及社会的方式，渗透融入其中，对个体及社会施加潜隐而坚定的影响，推动其向前发展。而文化渗透力的大小取决于该文化能否有效吸引作用对象，能否有效聚合不同文化的影响力量。一般而言，具有较强吸引性和聚合性的文化具有强大渗透力；反之，则渗透力减弱。这种渗透力对思想政治教育接受实践同样适用，思想政治教育接受实践的诸多参与者如接受主体、教育主体、接受客体、思想政治教育接受活动等均受到文化要素的影响，思想政治教育接受实践是在诸多文化要素的作用中实现的。

---

① 孟宪平. 马克思主义文化动力思想及其实践研究 ［M］. 北京：北京师范大学出版社，2018：148.

三、评价要素的动力化

评价既是一个具体思想政治教育接受过程的构成环节，同时其本身也具有重要的教育功能，评价要素动力化的展开对思想政治教育接受的顺利实现具有重要意义。而评价要素动力作用的实现与评价的功能属性紧密相关，讨论评价要素的动力性转化不能脱离评价在思想政治教育接受活动中的功能及其具体实现。从这一角度来看，思想政治教育接受评价功能的实现过程也是思想政治教育评价要素动力性转化的过程。在思想政治教育接受实践活动中，评价凸显出鉴定、导向、激励和诊断改进功能，评价要素的动力化蕴含在这些功能的发挥与实现中。

首先，鉴定功能中的动力化。思想政治教育接受评价具有鉴定功能，这一功能贯穿思想政治教育接受评价过程的始终，并随着思想政治教育接受评价实践的发展不断深化。具体而言，评价的鉴定功能是通过评价的具体展开来系统把握评价对象的现有状态，在此基础上对评价对象的优劣状况、发展态势等做出判别评定。需要注意的是，鉴别是在比较中进行的，有比较才能够鉴别，判别事物的好或坏、优或劣、进步或退步总是在一定的参照系中展开的，参照系规定了鉴别的基本标准。因此，科学、合理的参照系的选取成为评价充分发挥鉴别功能的重要基础。对思想政治教育接受评价而言，即须设定合理完备的评价指标体系，科学拟定各评价指标在体系中的权重设置，为评价鉴定奠定基础。思想政治教育接受评价的鉴定功能主要包含两种常见类型：一是水平性鉴定。所谓水平性鉴定是围绕评价对象发展水平进行的评判活动，即依据一定的评价指标体系，对评价对象的水平如接受主体的思想道德水平、接受主体对接受客体的接受水平、思想政治教育接受实践的开展水平等进行的鉴别评定。二是评选性鉴定。在现实维度下，评价被广泛用于评优评选工作，这是评价鉴别功能重要的现实呈现。评选性鉴定是通过不同评价对象的相互比较，从中选取出最合乎条件的相对优者。以上两种鉴别形态从不同的角度诠释了评价的鉴别功能，鉴定性评价有助于评价对象在鉴别性评价中科学把握自我定位、强化责任认同，提升成就意识，从而推动其更为积极主动地考量思想政治教育活动。

其次，导向功能中的动力化。导向性是评价功能的重要呈现。评价的导向功能一方面源于评价结果的导向性，另一方面源于评价本身所具有的导向性。评价结果呈现了在一定评价体系下何种状态是被肯定的、赞扬的，何种行为是积极的、得到认同的，将好与坏、优与劣以结果的形式指向评价对象，对评价对象的行为具有方向引领作用。同时，评价本身也具有鲜明的导向性。就思想政治教育接受评价而言，接受评价目标的确定、接受评价过程的实施、接受评价结果的反馈都对评价对象具有一定的指示意义，都在一定程度上昭示着评价对象应朝向哪个方向行为以及如何行为等。可以说，导向性与接受评价共存于具体的思想政治教育接受评价实践之中。在思想政治教育接受评价活动中，评价的导向功能凸显为评价对接受主体的行为导引作用。作为一种主体性存在，接受主体对评价活动及其结果反馈不断进行着对象化活动，通过对标评价标准审视自我发展，推进契合评价要求的部分持续深化，对不符合评价要求的部分及时调整，以此实现自我行为与评价活动的同向，接受主体内在精神世界与外在品德要求的融合，从而有力促进思想政治教育接受的实现。值得注意的是，评价的导向功能对评价对象的行为具有直接引导作用。因此，思想政治教育接受评价中要确立科学合理的接受评价目标、不断优化接受评价的方案与过程，使思想政治教育接受评价始终朝着正确方向前进，以给予接受主体等评价对象以科学的行为导向。

再次，激励功能中的动力化。评价具有激励功能，这种激励功能是评价对象对评价活动刺激作用的一种具体反映。在思想政治教育接受评价实践中，评价活动会对评价对象形成现实刺激，激发其按照一定的评价标准完善自我、发展自我的欲望与动机。激励功能是科学合理、客观公正的评价活动的共性，也即只要评价活动是基于现实逻辑和科学的评价指标体系展开，无论是积极的评价还是消极的评价，其均具有激励功能。积极的评价可激发评价对象的成就感，促使其再接再厉、精益求精；消极的评价可激发评价对象的耻感，推动其知耻后勇、破风而行。同时，无论是接受主体，抑或整个思想政治教育接受活动，评价对象对正在开展着的或者已经完结的评价活动均具有一定的反馈机制，在这种反馈机制的作用下，评价活动的刺激作用得到进一步强化，促使评价对象生发出更为积极的行为动机。评价的激励性对于主体行为而言是一种强大的推进力量。其一方面可为接受主体行为提供目标指引，对个体发展趋向加以规约；另一方面也可引导接受主体正确把握成长发展的本质内涵、发展逻辑等，促使接受主体在思想政治教育接受评价活动中明晰个人、社会、国家在发展维度的具体协同，实现自我与外在的统一，推进思想政治教育接受的实现。

最后，诊断改进功能中的动力化。事物的发展具有过程性，处于过程中的事物并不总是目标明确、朝向正确、措施得当的，因此，及时地发现问题、解决问题是推进事物持续发展的客观要求。作为一种有目的、有计划的实践活动，科学的评价从来不是为评而评，其主要目的在于通过评价以发现问题、解决问题，在此基础上实现创新发展。以评促改、以评促发展也从来不是一句空话。诊断问题与改进发展是相互联系、互相支撑的两个阶段，通过评价系统地把握评价对象的现时状态、存在问题等是有针对性地解决评价对象存在的问题、实现其深化发展的基础；而改进发展方案、推动评价对象更好发展是发现问题、诊断问题的落脚点，两者统一于具体的评价实践。因而，科学的诊断问题在评价活动中具有前提性意义。鉴于此，应格外重视评价方法的科学性，在科学方法的指导下，对评价对象进行全面、系统的分析，唯有如此，才能真实、全面地反映评价对象存在的问题，为改进发展奠定前提。就思想政治教育接受评价实践活动而言，评价的诊断改进功能一方面表现为思想政治教育接受阻碍因素的挖掘、接受实践活动运行方面问题的发现；另一方面是基于发现的上述问题，提出针对性解决方案，优化思想政治教育接受实践活动的形式、载体、路径等，提升思想政治教育接受实效。

第三节　思想政治教育接受合动力的生成

在马克思主义视域下，人类社会及各种社会现象的发展，是诸要素之间相互作用的结果，是无数个交错力量的互相冲突、互相抵消、互相"融合为一个总的平均数，一个总的合力"，这种合力"可以看作一个作为整体的、不自觉地和不自主地起着作用的力量"①。马克思主义的合力理论为探讨思想政治教育接受合动力的生成提供了基本遵循。在思想政治教育接受实践活动中，存在三种动力类型：一是接受的内在驱动要素动力化形成的内在驱动力，二是接受的外在导向要素动力化形成的外在导向力，三是接受的内在驱动要素及外在导向要素交互作用形成的接受合动力。思想政治教育接受合动力不是内在驱动力与外在导向力的简单相加，而是在内在驱动要素与外在导向要素复杂的矛盾运动过程中形成的一种新质的力量。

---

① 中共中央马克思恩格斯列宁斯大林著作编译局. 马克思恩格斯选集：第4卷［M］. 北京：人民出版社，2012：605.

一、内在驱动要素间交互作用形成接受合动力

在思想政治教育接受活动中，思想政治教育接受的需要要素、价值判断要素、矛盾要素通过动力性转化成为推动思想政治教育接受实现的重要动力来源。同时，这些内在驱动要素之间也存在着交互作用，在这种交互作用下思想政治教育接受合动力得以形成。"精神动力的生成同自然界生物生长一样，存在一种'共生'效应。"① 内在驱动要素间的共生性交互作用集中体现为某种内在驱动要素可以构成其他内在驱动要素动力化的实现条件，成为其动力性转化的重要参与者。同时，作为独立的要素构成，思想政治教育各内在驱动要素具有各自的特点、优势与缺陷，在此背景下，只有内蕴各自特点的要素之间相互作用、优势互补，才能形成单个内在驱动要素下所不能形成的发展动力。此外，思想政治教育各内在驱动要素之间在一定条件下相互转化，这种相互转化在促进各内在驱动要素发展的同时，也推动着接受合动力的生成。具体而言，内在驱动要素间交互作用形成接受合动力主要有以下三种情形：

其一，需要要素与价值判断要素交互作用形成接受合动力。思想政治教育接受活动是一项合乎目的性的活动。因此，接受主体的需要与价值判断是思想政治教育内在驱动要素的重要组成部分。其中，需要是内在驱动要素的本源性构成，接受主体的思想政治教育接受实践以满足主体需要为重要指向。价值判断是接受主体基于自我需要对接受主客体间价值关系的一种评判，当接受客体能够满足接受主体需要时，其价值判断较为积极；反之，则较为消极。因此，对接受主体而言，价值判断的结果具体呈现为"想要"或"不想要"。在这里，需要和价值判断的交

---

① 骆郁廷. 精神动力论 [M]. 武汉：武汉大学出版社，2003：217.

互作用主要包含两层含义，一方面，需要构成了价值判断的依据。接受主体的价值判断是基于接受客体对主体需要及其满足程度做出的，需要是评判接受客体是否具有价值及其价值大小的依据，脱离主体需要的价值及价值判断是不能存在的。另一方面，需要只有转化为"想要"，才能生发出思想政治教育接受动力。需要是主体的内在发展诉求，这种内在诉求只有在价值判断的基础上转化为主体内心的"想要"，才会激发主体生成强烈的行为欲望与动机，形成接受动力。

其二，需要要素与矛盾要素交互作用形成接受合动力。如前所言，思想政治教育接受活动是一项合目的性的活动，同时，它也是一项合乎规律性的活动，是合目的性与合规律性的统一。思想政治教育接受活动的合乎规律性主要体现为思想政治教育接受活动中存在诸多矛盾，从这一角度而言，思想政治教育接受是思想政治教育接受活动诸多矛盾运动的客观结果。需要要素与矛盾要素的交互作用凸显为：一方面，需要构成矛盾的重要方面。在思想政治教育接受活动中，无论是接受主体需求与社会思想品德要求这一基本矛盾，还是这一基本矛盾具体展开呈现出的具体矛盾，接受主体的需要均是其中的核心构成。另一方面，矛盾运动转化过程是不断满足需要的过程。作为矛盾构成的重要方面，需要是解决矛盾、化解冲突、消解对立的关键着力点。接受主体已有需要的合理满足推动接受矛盾的解决，同时实践基础上产生的新的需要又促使新的接受矛盾的形成，正是在这种需要的不断满足中推动着思想政治教育接受活动既存矛盾的解决、新矛盾的产生，在新旧矛盾的更替运动中推进着思想政治教育接受的实现。

其三，价值判断要素与矛盾要素交互作用形成接受合动力。价值判断与矛盾均是思想政治教育接受内在驱动要素的重要构成，两者看似关系甚远，实则在思想政治教育接受活动中紧密相关，接受主体是两者连贯的中介。价值判断是接受主体做出的价值关系评判，思想政治教育接受活动中的矛盾以接受主体为关键构成（基本矛盾，接受主体需求与社会思想品德要求间的矛盾；具体矛盾，接受主体经验与社会思想品德要求间的矛盾，接受主体需要与满足需要方式方法间的矛盾，接受主体与教育主体间的矛盾，接受主体与外部环境的矛盾）。价值判断要素与矛盾要素的交互作用具体表现为：一方面，价值判断对矛盾运动具有引导性。接受主体对接受主客体间价值关系的判断，实际上在价值意义维度明晰了主体的接受倾向性，这种接受倾向性对于致力于满足接受主体需要、实现新旧更替的矛盾运动而言彰显出鲜明的引导作用。另一方面，矛盾的运动转化规定着接受主体的价值判断。矛盾的运动转化意味着主体已有需要的满足，新需要的形成。随着接受主体需要的发展变化，接受主体对接受主客体间价值关系的判断也必然发生变化。

二、外在导向要素间交互作用形成接受合动力

思想政治教育接受的环境要素、文化要素、评价要素是思想政治教育接受实现的重要外在动力来源。同时，这些外在导向要素之间具有交互作用。外在导向要素间的交互作用推动着思想政治教育接受合动力的生成。这种要素间的交互作用表现为某种外在导向要素可构成其他外在导向要素动力性转化的实现条件，成为其动力化的必要构成。此外，作为独立的要素存在，思想政治教育各外在导向要素具有各自的优势与不足。鉴于此，只有内蕴各自特点的要素之间实现优势互补，才能形成单个外在导向要素所不能形成的接受动力。同时，和内在驱动要素相似，思想政治教育各外在导向要素之间也在一定条件下实现着相互转化。从外在导向要素构成的角度来看，各外在导向要素间交互作用生发接受合动力主要包含以下几种情形：

其一，环境要素与文化要素交互作用形成接受合动力。对思想政治教育接受活动而言，环境要素和文化要素都具有不可或缺性，两者均是思想政治教育接受动力的重要来源。其中，环境指向事物存在和发展的外在条件，一般呈现为环绕式；文化指向事物存在与发展的各种文化性因子，其既可环绕式存在于事物周边，也可嵌入式深入事物内部，成为事物自身的一部分。在作用效果上，环境要素倾向于环境育之，文化要素倾向于实现文化育之。在考量思想政治教育接受的动力性作用时，从理论维度对两者加以区分是必要的。同时，环境要素和文化要素在思想政治教育接受活动中也发生着交互作用，推动着接受合动力的形成。一是环境要素和文化要素在一定情形下存在重合。思想政治教育接受实践是复杂多变的，实践活动中的环境要素和文化要素也并非总是泾渭分明，两者存在相互重叠的情形。二是环境要素和文化要素在一定条件下相互转化。这种转化性凸显为思想政治教育接受环境在一定条件下可转化为思想政治教育接受文化，同时，思想政治教育接受文化在一定条件下可成为一种思想政治教育接受环境。

其二，环境要素与评价要素交互作用形成接受合动力。在思想政治教育接受的外在导向要素系统中，环境要素与评价要素都是主要意义上的施力主体，对接受主体施加动力性作用。现实生活中，每一个体都存在于一定的环境空间之中，也都受到不同维度评价的影响。因此，环境与评价这两个要素的互动对于激发接受主体动力系统的活力具有重要意义。同时，接受环境纷繁复杂，接受评价也具有多维性，环境要素与评价要素交互作用的实现不能简单化处理，两者的交互作用受到一定主客观条件的规定。一是合理的互动机制。合理互动机制的建立是环境要素和评价要素交互作用实现的重要基础。这种交互机制应体现环境要素和评价要素的各自特点和优势，如充分考量接受环境的环绕式特点，发挥接受环境的隐性教育优势，明晰接受评价的具体性与历史性，推动环境要素与评价要素的时空聚合。二是环境要素与评价要素的协同。在思想政治教育接受活动中，接受环境与接受评价具有各自的内涵、场域与发展逻辑，这决定了环境要素与评价要素的作用方向并不总是一致的。因此，二者的协同成为思想政治教育接受合动力生成的重要保障。

其三，文化要素与评价要素交互作用形成接受合动力。在思想政治教育接受活动中，文化要素和评价要素的关系具有双重性，一方面，文化与评价均是思想政治教育接受外在导向要素的重要构成，从这一角度而言，它们之间存在一种并行逻辑；另一方面，思想政治教育接受评价可在实践中转化为一种文化氛围，即思想政治教育接受评价本身即为一种文化。此时，二者形成包含与被包含的关系。基于此，激发思想政治教育接受的合动力，文化要素与评价要素的互动显得尤为重要，其既可提升思想政治教育外在驱动要素系统内部的交互性，也有利于激发接受主体的积极性。一是文化要素与作为外在驱动要素存在的评价要素互动，两者在实践活动中交互作用，共同推动着接受实践的不断深化。二是文化要素与作为文化氛围存在的评价要素互动。此时，文化要素与评价要素的作用时空具有同一性，共同作用于接受主体，成为思想政治教育接受的重要力量来源。

三、内外要素间交互作用形成接受合动力

思想政治教育接受合动力是一个有机的整体，其既包含内在驱动要素交互作用形成的接受合动力，也包含外在导向要素交互作用形成的接受合动力。同时，内在驱动要素与外在导向要素间交互作用生成的接受合动力也是其内在之义。在思想政治教育接受活动中，内在驱动各要素与外在导向各要素间的交互作用内涵丰富，形式多样，为便于分析与说

明，这里选取了较为突出的需要要素与环境要素、价值判断要素与文化要素及矛盾要素与文化要素间的交互作用作一具体阐释。首先，需要要素与环境要素交互作用形成接受合动力。在思想政治教育接受活动中，需要指向接受主体的内在发展诉求，环境构成接受主体及思想政治教育接受活动展开的条件，两者间的交互作用主要体现为，一方面，需要是一定环境下的需要，环境要素为接受主体需要的满足及新需要的产生提供着外在条件和现实支撑；另一方面，需要对环境具有反向作用，接受主体需要的满足推动着环境的发展变化，是环境要素创新发展的重要因子。其次，价值判断要素与文化要素交互作用形成接受合动力。价值判断要素和文化要素的交互作用是思想政治教育接受合动力的重要来源。具体而言，一方面，文化氛围影响接受主体的价值判断。接受主体在立足主体需要对接受主客体间的价值关系做出评断时，受到特定文化氛围的影响。另一方面，价值判断推动一定文化的形成。接受主体的价值判断结果具有一定倾向性和方向引领性，可推动一定价值判断文化的生成。最后，矛盾要素与文化要素交互作用形成接受合动力。在思想政治教育接受活动中，矛盾要素和文化要素紧密相关，两者的交互作用表现为：一方面，文化之于矛盾而言，接受矛盾是一定文化背景下的矛盾，特定的矛盾文化助力接受矛盾的解决。同时，矛盾之于文化而言，旧矛盾的解决和新矛盾的产生意味着发展，意味着新文化的形成。

思想政治教育接受内在驱动要素与外在导向要素的交互作用主要通过思想政治教育接受目标的定向来实现。在合力理论视野下，方向、目标对合力的形成及其最终力量的大小具有重要影响。当合力要素的方向或目标倾向一致时，合力趋向最大化。因此，要实现思想政治教育接受内在驱动要素与外在导向要素交互作用基础上的接受合动力的生成及其最大化，其核心问题是接受目标的确立。接受目标既规定着内在驱动各要素与外在导向各要素间具体的交互作用，也对内在驱动要素和外在导向要素动力化基础上的接受合动力具有重要意义。在思想政治教育接受活动中，思想政治教育接受的内在驱动要素以需要要素、价值判断要素、矛盾要素及其交互作用形成思想政治教育接受合动力，思想政治教育接受的外在导向要素以环境要素、文化要素、评价要素及其交互作用形成思想政治教育接受合动力。在具体的接受实践中，这两种合动力的方向并不总是一致的，但两者也并非水火不相容，促使其同向而行的关键是思想政治教育接受目标。马克思指出："人的本质不是单个人所固有的抽象物，在其现实性上，它是一切社会关系的总和。"① 人是处于社会中的人，人的本质通过各种社会关系反映出来，推动人的社会化及其自由全面发展是思想政治教育的重要旨归。思想政治教育接受活动是实践基础上多种要素共同作用的系统过程，在推动接受主体积极作为中促进其选择、消化、吸收思想政治教育信息、内容等接受客体并将其转化为相应的行为表现，提升思想政治教育接受实效是思想政治教育接受内在驱动要素与外在导向要素共同的目标取向，也是思想政治教育接受动力最大化的重要保障。在这一接受目标的规引下，思想政治教育接受的内在驱动要素与外在导向要素相互影响、相互规制，助力接受合力趋向最大化。

---

① 中共中央马克思恩格斯列宁斯大林著作编译局. 马克思恩格斯选集：第 1 卷 [M]. 北京：人民出版社，2012：139.

第四章

思想政治教育接受动力的作用

作为一种推动力量，作用是动力的本源性意义，动力作用的实现是动力存在的现实依据和价值彰显。思想政治教育接受动力的价值意义集中体现为在思想政治教育接受活动中，接受动力是否推进以及在何种程度上推进了思想政治教育接受实践，即接受动力对思想政治教育接受实践起到了哪些作用。而接受动力作用的发挥是思想政治教育接受动力生成的重要指向，也是思想政治教育接受实践不断深化发展的前提性条件。因此，探讨思想政治教育接受动力的作用是研究思想政治教育接受动力的重要内容。对其把握关涉思想政治教育接受动力的作用是什么，有哪些具体表征以及如何认识思想政治教育接受动力的作用等相关命题。鉴于此，该部分依据思想政治教育接受动力的功能、作用表征、作用评价这一研究思路，对思想政治教育接受动力的作用加以分析。

第一节　思想政治教育接受动力的功能分析

在学科视域下，功能与作用之间是相互依存、相互区别的辩证统一关系。目前学界关于功能内涵的研究主要有功能—作用论、功能—职能论、功能—价值论、功能—结果论等论断。其中，功能—作用论主张以事物的客观作用诠释功能，其在凸显功能与作用密切联系的同时，在一定程度上忽视了二者的差异性。从本质上来看，功能指向事物的内在属性及其作用效果，是作用的上位概念。因此，对思想政治教育接受动力作用的把握需首先考量其功能。在思想政治教育接受实践活动中，接受动力的功能主要包含以下几方面。

一、助力思想政治教育保持正确方向

动力具有导向功能，这种方向引领作用源于动力自身的方向性和目的性。因此，就思想政治教育接受动力而言，助力思想政治教育保持正确方向是其功能的基本内涵。方向关涉道路，思想政治教育的正确发展方向不是泛化的理论名词，而是接受动力在思想政治教育接受实践中具体作用的外显。在接受动力功能的作用下，思想政治教育的正确方向具有两方面内涵：

其一，凸显人的主体性意义。从根本上来说，思想政治教育接受动力是接受主体的思想政治教育接受的动力，接受动力的最终指向、作用的具体实现都无法脱离接受主体而存在。从这一角度而言，思想政治教育接受动力的生成及其作用实现是接受主体主体性发挥的结果。为此，凸显人的主体性意义对于激发思想政治教育接受动力，推进思想政治教育接受实践具有重要意义。一是满足人的合理需要与诉求。如前所述，需要是思想政治教育接受动力要素的重要组成部分，对主体需要的满足是激发思想政治教育接受动力的关键举措，也是推进思想政治教育深化发展的内在要求。需要具有可激发、可创造、可发展的特征属性，处于一定社会关系中的每一个体都有其个性化的多样需求，其中，"从人的需要发展来看，虽然自然需要永远是基础性的，不可泯灭，但随着社会

的进步，人的社会性需要的比重、多样性和数量会不断增长，并越来越成为人的真正需要。"① 因此，思想政治教育接受动力的激发客观上要求注重多样化需求的具体分析，对合理需要及时予以满足，对不合理需要加以引导。二是坚持以人为本。激发思想政治教育接受动力、提升思想政治教育接受实效的背后是满足个体对思想政治教育的发展期待，把以人为本理念贯穿思想政治教育全过程，将人既作为思想政治教育的目标，也视为思想政治教育发展的推进力量。这意味着思想政治教育要充分考量处于一定社会关系中的具体的人，以具体的现实的人为基点推进思想政治教育实践。三是以促进人的自由全面发展为旨归。人的自由全面发展是作为主体的人的最终发展趋向，是马克思主义关于人的发展的重要论断，推进人的自由全面发展是思想政治教育的根本旨归所在。在人的自由全面发展中，自由发展和全面发展构成了一个完整的内涵，其中，自由发展是全面发展的基础，全面发展构成自由发展的目的和归宿。自由全面发展目标具有终极性，其实现必然要经历一个过程，在过程中逐步推进。思想政治教育归根结底是在满足社会和人的发展需要过程中不断提高人的思想政治品德素养，以促进其全面发展。新时代背景下，立德树人是教育的根本任务，思想政治教育致力于培养能够担当民族复兴大任的德智体美劳全面发展的时代新人。

其二，凸显实践指向。在马克思主义视域下，实践对人的生存与发展具有根本性意义，人的本质在于一定社会关系中的实践，"从整个人类来讲，人的本质是在一定社会关系中从事实践活动，简言之，人的本质就是社会性的实践"②。同时，实践过程中的基本矛盾运动勾勒着社会历史的演进脉络，也推进着人的发展。因此，实践既表征人的本质，

①　徐春. 人的发展论 ［M］. 北京：中国人民公安大学出版社，2007：52-53.
②　徐春. 人的发展论 ［M］. 北京：中国人民公安大学出版社，2007：189.

也是人不断发展的根本动力所在。就思想政治教育接受活动而言，各动力要素在实践基础上产生，接受动力在具体的实践中展开，动力作用实效在实践中呈现，思想政治教育接受活动充分彰显着实践力量，实践指向是思想政治教育始终保持正确发展方向的重要保障。为此，一是凸显思想政治教育的实践属性。作为一项有计划、有目的、有组织的教育活动，思想政治教育具有突出的理论性和实践性，是理论属性和实践属性的有机统一。这种理论性和实践性的统一在思想政治理论课上具体表现为，"其以马克思主义为理论根基，教学内容具有知识性和思想性的同时，观照现实问题，重视学生主体行动力"①。从根本上来说，思想政治教育活动是一项实践活动，思想政治教育的存在与发展均在实践中实现。因此，在考量思想政治教育理论属性和实践属性相统一的过程中，要尤为重视其实践属性的科学把握。二是凸显促进人的实践发展这一目标指向。如前所述，思想政治教育以促进人的自由全面发展为根本旨归，而人的发展是实践中的发展。实践为人的发展提供了场域、环境等基础性条件，构成了人这一主体性存在发展的根据。同时，实践的推进尤其是思想政治教育实践的发展对人的发展不断提出新的要求并提供着满足要求的方式方法，从根本上推动着人的发展实现。三是凸显实践对思想政治教育实效的检验。思想政治教育活动是蕴含一定目的指向的实践活动，思想政治教育结果在何种程度上推进了思想政治教育目标的实现，思想政治教育实效性如何等问题需回到实践中才能得到科学解答。思想政治教育在实践中产生、在实践中发展，其发展实效也在实践中得以检验，实践对思想政治教育实效的检验功能是思想政治教育实践指向的重要表征。

---

① 张欣. 把握思想政治理论课理论性与实践性相统一的深刻内涵［J］. 学校党建与思想教育，2019（7）：39-40.

二、促进思想政治教育内化与外化双向互动

动力具有驱动功能，所谓驱动即促使事物发生位移、集中等运动，驱动性是动力的本源性属性，是动力功能的集中表征。在思想政治教育接受活动中，接受动力亦具有鲜明的驱动性，其驱动作用凸显为接受主体对思想政治教育信息、内容等接受客体的内化与外化。正是在内化与外化的交互作用中，接受动力的动力作用得以实现，从而推动思想政治教育接受实践不断深化发展。接受动力在思想政治教育内化与外化交互运动中的具体作用可从以下两方面来把握。

其一，动力作用是在内化与外化的互动中实现的。思想政治教育接受动力以激发思想政治教育接受动机，提升思想政治教育接受实效为具体指向。这一目标的具体实现离不开接受主体主体性的发挥，是在接受主体将接受客体内化于心外化于行的过程中实现的。因此，接受动力的作用过程实际上是接受主体发挥主体性的过程，是内化与外化交互作用的过程。在这一过程中，作为主体性存在的接受主体是其中的关键要素，其是否积极参与内化与外化关涉思想政治教育接受的顺利推进，关涉思想政治教育接受实效的取得，内化与外化过程本身即是接受主体主体性地位的彰显。为了更好地说明内化与外化的交互作用，这里有必要对内化与外化做一简要分析。目前学界对内化与外化的具体诠释丰富多样，但大多将其作为思想政治教育学科的一对范畴加以探讨，"内化与外化在思想政治教育学基本范畴系统中占有特殊地位，从其性质来看，是这一系统的结果范畴。这不仅因为这对范畴具体展现了作为教育者和受教育者主体间交互作用的思想政治教育成果，更为重要的是它再现了

思想政治教育过程的两个发展阶段"①。这一界定明晰了内化与外化的学科地位及其在思想政治教育过程中的重要作用，对深刻把握内化与外化的内涵与外延具有指导意义。简言之，所谓内化是一定价值观念及行为规范转化为个体内在意识的过程。在思想政治教育接受活动中，只有接受主体接受、认同接受客体，接受动力才能真正起作用，思想政治教育也才能向前推进。所谓外化是个体意识转化为现实行为的过程。只有经过个体意识的行为外显，思想政治教育目标才能落到实处，接受动力实效也才有现实表征。在一个具体的思想政治教育接受活动中，接受主体受某种或多种动力因素的作用，积极地选择、消化、吸收接受客体使其成为自我思想品德素养的一部分，这一过程为接受主体将内化后的个体意识外显为相应行为提供了前提和基础。同时，个体意识的行为外显为意识的内化提供了发展趋向，并在外化的基础上开启新的内化过程。内化与外化的有机结合是接受动力作用最终实现的重要保障。

其二，思想政治教育是内化与外化的有机统一。作为一对范畴，内化与外化有机统一于思想政治教育。对思想政治教育活动而言，无论内化还是外化均具有其必要构成，无论缺少内化还是缺少外化，思想政治教育都是不彻底、不完全的教育活动。只有内化与外化的有机结合才能使思想政治教育完整推进，思想政治教育目标也才能彻底实现。因此，考量思想政治教育活动，不仅要充分认识内化与外化各自的本质内涵及其规定性，更要理解和把握内化与外化在思想政治教育活动中的统一。对思想政治教育内化与外化的把握应注重以下两方面：一是内化与外化既表征思想政治教育的目的，也指向思想政治教育的效果。如前所言，思想政治教育是带有特定目的性的教育活动，在一个具体的接受实践活

---

① 张耀灿，郑永廷，吴潜涛，等. 现代思想政治教育学［M］. 北京：人民出版社，2006：22-23.

动中，思想政治教育致力于推动接受主体内化接受客体，将思想政治教育信息、内容等接受客体纳入个体思想品德系统，并将其转化为相应的行为表现，促使接受主体形成社会发展要求的思想道德观念与政治素养，实现思想政治教育目标。同时，内化与外化也是思想政治教育效果的表征。对思想政治教育接受活动而言，接受主体是否接受、内化接受客体，是否将内化后的接受客体转化为相应的行为表现是思想政治教育接受效果的重要标识。二是内化与外化的实现需充分发挥主体性。内化与外化是思想政治教育的重要范畴，在思想政治教育活动中具有突出作用，但其具体推进与作用实现不能臆想而出，需建立在一定条件基础之上。其中，主体性的发挥在内化与外化实现中具有重要作用，是内化与外化的核心所在。如前所述，内化与外化实际上是充分发挥主体性的一个过程，这意味着个体需具有自我认知的能力、自我发展与完善的诉求、自我调节与监督的观念等强烈的主体意识。只有在这种强烈主体意识的作用下，个体才能积极参与内化与外化实践，推进思想政治教育内化与外化的实现。

三、增进思想政治教育的承继性

动力具有凝聚功能，这种凝聚功能有助于增强事物之间的联结，使事物的发展呈现出连续性、继承性。思想政治教育接受动力的凝聚功能突出表现为在接受动力的作用下，思想政治教育表现出较强的承继性。思想政治教育既是一项实践活动，也是一项历史性活动，思想政治教育在社会历史进程中发生、发展，在历史发展脉络中积累的理论创新成果和实践经验成为思想政治教育深化发展的重要资源和力量源泉。在思想政治教育接受实践活动中，接受动力推动思想政治教育内化与外化的实现，推进思想政治教育接受实践，而这对于思想政治教育承继性发展而言是一个重要推动力量。接受动力增进思想政治教育的承继性主要表现为以下两方面。

其一，增进思想政治教育理论的承继性。理论发展是承继发展和创新发展的有机统一。其中，以理论继承为核心的承继发展是以理论创新为核心的创新发展的基础，只有在继承已有成果的基础上才能更好地推进创新发展，理论的承继性对理论的深化发展意义重大。在思想政治教育接受活动中，接受动力的生成及其动力作用的实现有助于提升思想政治教育理论的承继性，从而为思想政治教育理论的深化发展奠定坚实基础。一是接受动力有助于增进思想政治教育理论本身的承继性。在思想政治教育接受实践活动中，接受动力对思想政治教育理论承继性的作用主要是通过承载着思想政治教育理论的接受客体的传播实现的。在接受动力的作用下，接受主体对思想政治教育信息、内容等接受客体予以积极反馈，将接受客体所内蕴的思想观念、道德规范、价值理念等纳入个体的意识系统，并在实践中实现由观念认同到行为外化的转变。在这一过程中，集中反映思想政治教育理论成果的接受客体完成了在不同个体之间的位移、吸收、外显等，促使思想政治教育理论在不同接受主体那里获得新的生命与活力，推动思想政治教育理论在个体身上得以延展，这种不同主体之间横向的延展是思想政治教育理论纵向继承的重要表征。二是接受动力有助于增进思想政治教育理论目标的承继性。理论指向实践，理论本身具有鲜明的实践指向。任何一种理论都不能为抽象而抽象，为诠释而诠释，如此，理论将失去存在的现实根据与意义，思想政治教育理论也不例外。作为一项有目的、有计划、有组织的实践活动，思想政治教育是在回应时代与实践课题中不断发展演进的，为实践服务是思想政治教育理论创新发展的目标指向。如中国共产党围绕党和国家在不同时期、不同阶段的中心任务，坚持将马克思主义与我国具体实际相结合，在及时回应不同时期面临的实践课题中不断推进马克思主义中国化理论创新进程。而思想政治教育接受动力本身是在实践中生成与作用的，接受动力在思想政治教育接受活动中具体作用的发挥是思想政治教育理论目标的现实注脚。

其二，增进思想政治教育实践的承继性。思想政治教育实践是不断发展的，这种发展是在继承以往实践经验基础上的发展，对已有实践经验的总结、继承是思想政治教育实践深化发展的重要保障。思想政治教育实践的承继性使思想政治教育发展呈现出鲜明的历史沿革特点，这种历史沿革一方面赋予思想政治教育以深厚的历史纵深感，同时使思想政治教育从历史发展中汲取丰厚滋养，推动思想政治教育实践不断深化。在思想政治教育接受实践活动中，接受动力对思想政治教育实践承继性的作用主要体现为，一是接受动力有助于增进实践本身的承继性。思想政治教育接受实践活动中的接受动力推动着接受主体的思想政治教育接受实践，接受主体在接受动力作用下对一定思想政治教育活动的接受，一方面意味着思想政治教育实践活动在不同的接受主体那里得以实现，从而使思想政治教育实践在不同物质载体身上彰显出连贯性；另一方面，接受主体在某种或多种接受动力的作用下，不同程度地开展着思想政治教育接受实践，不同的接受主体具有共同的思想政治教育实践，其本身即反映并推动着思想政治教育实践的继承发展。二是接受动力有助于增进实践指向的承继性。思想政治教育的实践指向具有承继性，接受动力对这种承继性具有增进作用。如培育社会主义合格建设者和可靠接班人是我国思想政治教育实践指向的重要表征。在历史发展进程中，社会主义合格建设者和可靠接班人的具体内涵随实践发展有所变化（如改革开放以来，对其解读先后经历了"四有"新人、跨世纪的社会主义事业建设者和接班人、担当民族复兴大任的时代新人等），但培育社会主义合格建设者和可靠接班人这一总的指向始终引领着思想政治教育实践。"40 年来，我们党始终坚持把高校思想政治教育与党和人民的事业紧密结合起来，与中华民族伟大复兴紧密结合起来，从确保中国特色社会主义事业兴旺发达、社会主义中国长治久安和实现中华民族伟大复兴的战略高度，强调高校思想政治教育的根本目的在于培养中国特色社会主义事业的合格建设者和可靠接班人。"①

四、激发思想政治教育改革创新活力

动力具有激发功能，这里的激发主要是指对事物前进力量与发展活力的刺激作用，把握动力的激发作用是理解和把握动力功能的内在之义。思想政治教育接受动力亦具有鲜明的激发功能。在思想政治教育接受实践活动中，接受动力的激发功能集中表现为对思想政治教育改革创新活力的推动。思想政治教育的改革创新是接受动力激发作用下的客观结果，同时，其本身也构成思想政治教育深化发展的重要动力来源。可见，改革创新是思想政治教育发展中的重要课题。接受动力对思想政治教育改革创新活力的激发可从以下两方面理解：

其一，激发思想政治教育理论创新活力。思想政治教育创新发展内蕴理论创新和实践创新之义。其中，理论层面的创新是实践层面创新的基础和先导。只有理论层面不断提出新思想、新观点、新论断，实践层面的发展推进才有坚实的理论支撑与科学的方向引领。接受动力对思想政治教育创新活力的激发首先体现为其对思想政治教育理论创新的推动作用。一是推动对新情况、新问题的理论解答。处于发展过程之中的思想政治教育无时无刻不在面临新的发展态势，面临实践发展提出的新情

---

① 冯刚．改革开放以来高校思想政治教育发展史［M］．北京：人民出版社，2018：17.

况、新问题。可以说，实践基础上的新情况、新问题贯穿思想政治教育发展过程的始终，旧的问题一经解决，新的问题就会产生，正是在这种新旧问题的更替中实现着思想政治教育的螺旋式发展。新情况、新问题的科学解答是思想政治教育对时代课题、实践命题的一种反映与回应，在接受动力的作用下，思想政治教育接受实践不断推进，接受实践的推进有助于促使实践发展基础上新情况、新问题的解决。二是推动对认识对象新的理论诠释。在马克思主义认识论视域下，认识对象本质及规律的揭示、把握与运用受主客观条件的制约，这意味着我们对认识对象本质及其规律的认识不是一蹴而就的，而要在实践发展基础上予以深化。在思想政治教育接受活动中，接受动力推动着思想政治教育接受实践在内化与外化的交互作用中不断发展，这有助于对思想政治教育理论与实践课题做出新的诠释，获得新的认识。"推进马克思主义思想政治教育理论的创新和发展，首先要把中国特色社会主义理论体系的宣传、学习和教育融入思想政治教育的全过程，下好先手棋、打好主动仗、掌握话语权、占领制高点、唱响主旋律。"① 三是推动对新的实践经验的理论升华。实践对理论发展具有推进作用，其突出表现为对实践经验的理论抽象与升华是理论创新发展的重要途径。思想政治教育在实践发展中形成一定的有益做法与经验，这些经验成为思想政治教育理论创新的重要源泉。同时，思想政治教育实践是不断推进的，其经验也是逐渐累积与呈现的，因此，实践经验同实践一样是处于发展进程中的，对新的实践经验及时进行理论抽象与升华是推进思想政治教育理论创新发展的客观要求。接受动力在推进接受主体思想政治教育接受实践的同时，促使接受主体在接受实践中积极观照已有经验的学习及新经验的积累，推动着

---

① 冯刚. 探索思想政治教育发展的内生动力 [M]. 北京：人民出版社，2017：9.

实践经验的深化发展。

其二，激发思想政治教育实践创新活力。思想政治教育是在实践中发展的，实践创新活力的激发对思想政治教育发展而言至关重要。实践既构成思想政治教育存在和发展的形式表征，也是思想政治教育发展的重要动力来源。实践对思想政治教育的这种极端重要性一方面源于实践是社会生活的本质，在一定社会关系中存在，反映一定社会生活的思想政治教育和实践紧密相关。另一方面，思想政治教育本身是实践的，思想政治教育的发生、发展及其反馈评价等均在实践中展开，同时，思想政治教育理论也是实践发展的产物。思想政治教育接受动力对实践创新活力的激发作用主要体现为，一是助力思想政治教育问题的解决。如前所言，随着实践的发展，思想政治教育不断面临着新情况、新问题，思想政治教育的发展是面对问题、分析问题、回应问题的发展，这些新情况、新问题在实践中产生，同时也须在实践中才能得到解决。实践基础上的思想政治教育问题复杂多样，其核心是思想政治教育实效性问题，这一问题的解决对其他问题具有引领意义。在接受动力的作用下，接受主体生发出一定的思想政治教育接受动机，从而使思想政治教育接受实践得以推进，思想政治教育接受实效得以提升。二是推动思想政治教育在实践创新中不断发展。思想政治教育在实践创新中获得源源不断的发展活力，"改革创新是高校思想政治教育发展的重要动力"①。改革创新的这种动力作用对高校思想政治教育适用，对普遍意义上的思想政治教育也同样适用，推动实践基础上的改革创新是思想政治教育深化发展的题中之义。接受动力对思想政治教育接受实践的推进有助于促进思想政治教育实践的创新发展，激发思想政治教育发展活力。

---

① 冯刚. 改革开放以来高校思想政治教育发展史［M］. 北京：人民出版社，2018：23.

第二节　思想政治教育接受动力的作用表征

在明晰思想政治教育接受动力功能的基础上，探讨思想政治教育接受动力具体的作用表征是把握思想政治教育接受动力作用的客观要求。接受动力的具体作用可从不同维度进行考量，如在提升思想政治教育接受实效性，推进思想政治教育接受活动及改进接受主体与接受客体间的相互关系等，接受动力均具有不同程度的作用显现。接受主体是思想政治教育接受过程中的主体性要素，是思想政治教育接受活动的主要参与者、推进者，也是思想政治教育接受效果主要的物质承担者，接受动力在其他层面的作用最终要通过接受主体呈现出来。因此，研究对思想政治教育接受动力具体作用的探讨聚焦于接受主体，通过接受动力在接受主体维度的作用表征透视思想政治教育接受动力的作用。

一、对接受主体价值观的引导

思想政治教育接受动力的作用表征首先体现为对接受主体价值观的引导。对个体而言，价值观体现并影响着个人的价值判断和价值选择，对个体行为具有导向和规制作用，现实生活中，有意识、有目的的个体行为无不是一定价值观的行为彰显。然而，个体的价值观并不总是符合一定社会发展要求与规律的正确的价值观，正确价值观的形成与树立也不是一拍即成、自然顺然的。在多元多样价值观并存背景下，对个体进行价值观的积极引导是培育正确价值观的客观要求。社会主义核心价值观是社会主义本质要求在价值观层面的集中反映，凸显了社会主义核心价值体系的内核和基本特征，积极培育和践行社会主义核心价值观，使之如空气一般无时不有无处不在，在情感认同和行为转化中成为不同个体共同的价值追求是社会主义意识形态建设的重要任务。这一任务实现的关键是正确把握价值观引导和知识传授的关系，将社会主义核心价值观的引导融入知识传授之中。习近平总书记在 2019 年 3 月召开的学校思想政治理论课教师座谈会上深刻阐述了新时代背景下如何办好思想政治理论课这一时代课题，并强调指出，思想政治理论课要坚持"八个统一"，其中"坚持价值性和知识性相统一，寓价值观引导于知识传授之中"① 是其重要内容，这一论述明晰了知识教育与价值观引导之间的内在关系，为有效开展价值观引导，培育和践行社会主义核心价值观提供了基本遵循。"无论是德智体美劳全面发展的社会主义建设者和接班人，还是拥护中国共产党领导和我国社会主义制度、立志为中国特色社会主义事业奋斗终身的有用人才，或是牢固树立'四个正确认识'的时代新人，都是贯穿知识和价值的培养目标。"② 思想政治教育具有鲜明的科学性和思想性，是知识传授和价值引导的有机统一，在传递科学知识、提升接受主体能力和文化素养的同时，致力于人格的塑造、信仰的坚定，使接受主体在获取知识的过程中，树立科学的是非曲直观，明晰应该坚持什么、反对什么，提倡什么，摒弃什么，坚定社会主义核心价值取向。

首先，立德树人的目标指向。鲜明的目标指向是思想政治教育的重要特征。在新的历史发展方位下，立德树人根本目标的明晰是深化发展力量，推动思想政治教育创新发展的重要前提。培养什么样的人，为谁培养人以及怎样培养人这一根本问题的科学解答为思想政治教育提供了

---

① 习近平 . 用新时代中国特色社会主义思想铸魂育人 贯彻党的教育方针落实立德树人根本任务 [N]. 人民日报，2019-03-19 (1).

② 冯刚 . 理直气壮开好思政课——把握新时代思政课建设规律 [M]. 北京：人民出版社，2019：41.

基本遵循和发展方向。为此，一是要坚定理想信念。理想信念坚定，脚步方能强健有力，对马克思主义的信仰，对共产主义的信念是支撑我们步步前行的精神支撑，是党带领各族人民团结奋进的精神上的"钙"，有了这种安身立命的精神支撑，才能任尔东西南北风自岿然不动，在艰难困苦中推进中国特色社会主义事业不断前行。在思想政治教育接受动力的作用下，接受主体有意识地接受社会主义意识形态教育，从而坚定共产主义理想信念。二是厚植爱国主义情怀。爱国是中华民族长久以来的价值追求和情感表达，构成了中华民族的民族魂。爱国主义教育是思想政治教育工作的重要构成，厚植爱国主义情怀是新时代背景下培养担当民族复兴大任时代新人的必然要求。

其次，在内容中实现知识和价值的深度融合。知识与价值的融合不是口头之谈，而要落在实实在在的物质实体上，而思想政治教育内容既包含知识，又传递一定价值观，是连接知识和价值的中介，内容即构成知识与价值相融合的物质实体。因此，在思想政治教育接受实践活动中，知识与价值的深入融合需从两方面着手，一是把价值观融入一定的知识点中。一般而言，价值观是高度抽象化、凝练化的思想意识，处在具体社会关系中的接受主体与其是存在一定天然距离的。将这种带有距离感的思想意识融入具体的知识点中，有助于缩小接受主体与思想意识间的天然疏离感，促使接受主体在潜移默化中认同社会所要求与倡导的价值理念。二是把具体知识融入价值观中。传递一定知识和价值观均是思想政治教育的重要使命，思想政治教育接受动力致力于推动接受主体接受一定的学科知识，更为重要的是推动接受主体对社会主导价值观的认同与接受。把具体知识点融入价值观中既十分重要，也凸显了必要性。在这种融合推动下，可赋予学科知识以鲜明的价值立场，推动思想政治教育实践始终朝着正确方向发展。

最后，在方法中强化知识和价值的有机统一。内容与方法具有相依相存性，内容不可脱离具体方法存在，方法也不可脱离具体内容而单独作用。因此，在思想政治教育过程中知识与价值融合的实现既要考量内容层面的有机结合，也要把握方法层面的具体统一，在方法中促进知识与价值的有机统一是实现价值引导与知识传授的客观要求。为此，一是在方法的选取上要体现知识和价值导向。在思想政治教育接受活动中，方法多样复杂，如何在众多方法中选取恰当的方法呈现、传递思想政治教育信息、内容等接受客体是推进思想政治教育接受实践的关键所在。科学、恰当的方法应符合知识传输与价值传递的双重属性，既契合一定知识点的具体特点，又满足相应价值观的内在诉求。二是在方法的运用上要凸显知识和价值导向。方法的运用是方法选取的落脚点，灵活运用方法是思想政治教育艺术性的重要表征。方法的运用过程是充分发挥主体性的过程，在这一过程中主体性的发挥要遵循知识和价值的基本趋向，在传授知识和传递价值中实现方法的积极作用。

二、对接受主体道德敏感性的强化

就思想政治教育而言，接受主体的道德敏感性关涉接受主体要实现什么样的思想道德水平，应具备什么样的思想道德能力以及如何改善思想道德状况等一系列问题，对这一问题的科学解答不仅需要深入挖掘思想政治教育学科资源，在深入把握立德树人本质内涵的过程中推进思想政治教育接受实践。更为重要的是需将其纳入跨学科视野中进行综合考量，多角度立体化地予以分析探讨，这里的跨学科视野主要是指心理学相关研究的具体应用。一般而言，作为道德心理学中的重要范畴，道德敏感性是在与道德冷漠的比较中存在的。这一概念最初源自美国心理研究团队围绕道德行为提出的"四成分模型"，在该模型下，个体的道德行为主要是由道德敏感性、道德判断、道德动机和道德品格四部分组成，其中道德敏感性是其他部分的起点，个体在面对一定的道德情境时，首先是对这一道德情境的意识以及其蕴含的道德因素的觉察。其中，"道德敏感性被概念化为一种情绪对认知的激活，最典型地反映了道德认知和道德情感的密不可分和相互作用：它是认知的，主体需要觉察到情境的道德内容并作出相应的解释；它也是情绪的，瞬间的直觉情绪的唤起几乎就是它最突出的特征。"① 因此，道德敏感性是对一定道德情境的主观感知，是对道德元素的认知和把握，是个体对情境的一种主观感受以及对这种情境及其元素的积极反应与行为的能力，其表征着个体对一定道德情境的感知和解释，是一定道德行为实现的前提。从狭义上来理解，道德敏感性主要包含个体道德认知和个体情绪两部分，其核心是道德认知与情绪的交互作用，尤其是情绪在道德认知中的重要作用。道德敏感性是多重因素共同作用的结果，研究者对领域背景、道德图式、人格特征与角色卷入等对个体道德敏感性塑造的影响展开了系统分析，为探讨思想政治教育接受主体的道德敏感性提供了丰富的思想资源。接受动力对接受主体道德敏感性的塑造作用主要体现为以下几方面：

其一，在情境体验中塑造道德敏感性。体验对道德敏感性塑造至关重要，这种重要性是道德敏感性本质内涵的具体反映，个体对道德情境的感知，对其中道德要素的理解均与个体的情境体验密不可分。从这一角度而言，思想政治教育接受活动实际上是接受主体积极参与思想政治教育情境、体验思想政治教育情境的过程，接受主体的情境体验是塑造并不断强化其道德敏感性的关键所在。情境体验具有鲜明的主体性，是主体力量的现实彰显。对于不同的接受主体而言，同一个思想政治教育

---

① 郑信军，岑国桢. 道德敏感性：概念理解与辨析 [J]. 心理学探析，2009（1）：10.

情境带来的情感体验并不总是相同的，有时甚或南辕北辙，在此背景下，不同个体的道德敏感性也是不尽相同，水平不一的，因此，对道德水平的识别与认定只有针对具体道德情境中的具体的主体才具有现实意义。值得注意的是，个体的情境体验在实践中产生，也在实践中不断发展。因此，思想政治教育接受实践是推动接受主体在情境体验中提升道德敏感性的重要源泉。

其二，在道德知识的体悟中提升道德敏感性。道德敏感性的塑造与提升离不开一定道德知识的体悟。道德知识是道德实践基础上获得的道德经验的理论化、抽象化、系统化，为个体思想道德水平的发展提供着理论支撑与思想涵养，也是个体不断提升道德敏感性的重要力量来源。道德知识的习得是塑造与提升个体道德敏感性的重要基础，这里的习得主要是通过沉浸式的感知与意会实现的，个体对道德知识的直观感受与切身体悟有助于推动作为主体性存在的个体与作为知识性存在的理论直接对话，促使个体深入具体情境去理解和把握道德知识的历史脉络、本质内涵与发展逻辑，从而在道德知识的获得中不断提升道德敏感性。对于一个具体的思想政治教育接受实践而言，接受主体在接受动力作用下，对接受客体蕴含的思想道德知识予以积极感知、反馈，通过对思想道德知识的感受、体悟推动对相应道德情境的感知和理解能力。

其三，在道德行为的自主选择中提升道德敏感性。现实实践中，个体的道德行为并不总是深思熟虑、逻辑推理的产物，相反，个体依靠以直观感知为基础的道德敏感性来做出相应的价值判断与行为抉择的情形并不少见。道德敏感性推进道德行为的实现，相应地，道德行为也在反作用于道德敏感性，推动个体道德敏感性的发展。行为是思想的现实注脚，对于每一个体而言，道德思想、道德认知的目的均在于对道德行为的引领与规约，道德行为对于一个具体的认识活动来说，具有指向性意义。个体的道德敏感性不仅在道德知识中获得，同时也在道德行为中获得。具体就思想政治教育接受活动而言，接受动力推动接受主体在动机的作用下产生一定程度的接受行为，这种接受行为是接受主体充分发挥主体性自主选择的结果，是接受主体道德敏感性的作用表征，同时接受行为的实现又为道德敏感性的深化发展创设了新的现实基础，从而不断促进接受主体道德敏感性的强化。

三、对接受主体精神的提升

在马克思主义视域下，人是主体性的存在，人的主体性构成了人与一般动物的根本性区别，即人在劳动中所形成的自我意识、自我精神等思想观念是人作为类存在的基础。实际上，在马克思主义诞生之前，诸多研究者已从不同的视野与角度对人的主体性进行了分析探讨，并提出了各自的主体性理论，成为把握人的主体性属性的重要思想资源。如勒内·笛卡尔立足于哲学意义上的自我存在，提出了"我思故我在"的重要论断，精神分析学派代表人员西格蒙德·弗洛伊德将自我从心理学角度划分为本我、自我和超我三个层次，其中，本我指向自我欲望的满足，超我表征对本能欲望的控制与压抑，自我充当着两者的调和剂，在具体环境追寻自我的满足与发展。在此基础上，法国著名精神分析学家雅克·拉康从结构心理学的角度出发提出了主体建构理论①等。可见，人的主体性是诸多研究者共同关注的学术课题，激发人的主体性是理论研究和实践探索的重要旨归。从社会历史发展的角度来看，社会历史是人的历史，人的主体精神是社会历史发展的突出生长点，其构成了社会

---

① 该理论运用"镜像""自我""他者"等概念对主体的形成、发展、异化等问题进行过了诠释与解读，主张在主体诞生过程中，婴儿一直在寻找和确认自己，但镜像之人经常被人替代，并把主体的形塑分为想象界、象征界、实在界三层结构。

历史发展的内在灵魂。人的这种主体精神的失落不仅易导致人的异化，使人的发展成为畸形的发展、片面的发展，也将在很大程度上异化社会历史的发展。因此，人的主体精神无论对于个体还是人类社会而言均具有重要意义。结合学界相关研究，人的主体精神可理解为主体在对客体作用过程中呈现出来的主体意识、主体潜能等，它是一种基于主体自我认知、自我控制与体验的心理倾向，是主体在认识和改造世界中体现出来的自主性、能动性、创造性等，其内涵构成极其丰富，如主体的责任意识、人格品质、理想信念、坚强意志等均是其组成部分。值得关注的是，在实践活动中实现自我价值是主体精神的本质彰显和重要旨归，充分发挥自我主体性是实现人的全面发展的重要基础和基本诉求。在一定意义上可以说，主体性彰显着全面发展的人的基本属性。思想政治教育是意蕴主体性精神的活动过程，思想政治教育接受动力对接受主体精神的提升可从以下几方面把握：

其一，接受活动是主体精神的彰显。思想政治教育接受活动是接受主体充分发挥主体精神、彰显主体性的实践活动。在这一活动中，接受主体是主要的主体性存在，是接受过程的主要参与者和推进者，接受活动的顺利展开与深入推进不能脱离接受主体的主体性。对一个具体的思想政治教育接受活动而言，无论是接受活动的推进，还是对接受客体的把握与认知及其基础上的价值判断、价值选择等，无不是在接受主体积极发挥主体精神的背景下实现的。可以说，接受主体的主体精神关涉接受主体对接受或不接受，在何种程度上接受等思想政治教育接受核心问题的反映。同时，接受效果如何也要在接受主体身上予以呈现，其凸显为接受主体在什么程度上接受了接受客体，以何种方式实现该程度的接受等，缺乏接受主体主体精神的积极调动与参与，上述问题的解答无异于纸上谈兵。因此，思想政治教育接受活动过程是在充分激发和发挥接受主体主体性基础上的接受主体的感受、体验、理解过程，接受主体的主体性是其关键要素。

其二，内化活动中对接受主体精神的提升。内化是思想政治教育接受活动中的重要范畴，是接受主体将接受客体转化为个体意识构成的必要环节。在这一过程中，接受主体性的发挥扮演着重要角色，内化过程中对接受主体精神的提升主要源于主体精神是一种意蕴互动性的精神。一方面，内化是在充分发挥主体精神的基础上展开的。在思想政治教育接受实践活动中，内化展开的背后逻辑是接受主体在一定动力作用下生发出某种程度的接受动机，在接受动机的影响下对接受客体予以选择、消化、吸收，将之纳入自我意识系统。这一过程是接受主体充分发挥主体性和接受客体交互作用的过程，其过程的延展及其程度依赖于接受主体以自我需要为基点对接受客体的价值判断。另一方面，内化的实现提升着接受主体的主体精神。主体精神的激发是一个过程，思想政治教育内化的实现在引导接受主体树立科学的思想道德观念、价值取向的过程中有助于推动接受主体主体精神的提升。

其三，外化活动中对接受主体精神的提升。接受主体的行为外化是思想政治教育接受的重要环节，是接受效果的最终呈现，思想政治教育接受的外化过程也是接受主体发挥主体性的过程。接受主体在将一定的接受客体内化为个体意识系统的前提下，把哪些方面的个体意识外显为具体行为，选择什么样的方式、以什么样的载体外化行为是摆在接受主体面前的重要课题，对这一问题的解答须建立在接受主体充分发挥主体性的基础上。同时，思想政治教育接受的核心要义在于促进接受主体主体精神的提升，行为外显是提升主体精神的落脚点，接受主体的外化行为为其实现提供了具体载体。外化过程中接受主体的选择、参与、创新等是接受主体发挥主体性的结果，而行为外化的实现以现实反馈的形式对接受主体的主体精神施加反向作用。

第三节 思想政治教育接受动力的作用评价

科学评价思想政治教育接受动力的作用是理解和把握思想政治教育接受动力作用的内在之义。对接受动力的作用进行科学、合理的评价既是认知思想政治教育接受动力的逻辑结点，也是推进思想政治教育接受动力深化发展的重要力量。围绕接受动力的作用展开的评价，有利于调整与修正思想政治教育接受实践，促进接受动力作用的良性循环，提升接受动力的作用实效。接受动力的作用评价是在一定的作用评价目标、评价原则、评价方法下实现的，接受动力作用评价的目标、原则、方法相依相存，共同推动接受动力作用评价的实现。

一、作用评价的目标

思想政治教育接受动力作用的评价建立在一定评价目标的前提下。目标具有方向性和引领性，这种方向引领性决定了目标在一项活动中具有基础性意义，对于思想政治教育接受动力作用的评价而言亦是如此。接受动力作用评价是带有鲜明目的导向的评价实践活动，如若没有明晰的作用评价目标，作用评价活动很难保持正确方向且坚定不移地展开。思想政治教育接受动力作用评价的各方面工作是围绕作用评价目标来确立的，作用评价目标的明晰是开展接受动力作用评价要解决的首要问题。所谓思想政治教育接受动力作用评价的目标是指评价者对接受动力在推动接受主体思想政治教育接受实践方面作用实现的程度和质量的总的规划与设想。作用评价目标体现了人们对接受动力作用的期待，在接受动力的作用评价中起着导向、引领、激励与调控等重要作用，科学把握接受动力的作用评价目标是深化推进接受动力作用的关键所在。

一般而言，接受动力的作用评价目标可分为以下三个层次。一是接受动力作用评价目标的初级层次。初级层次的作用评价目标主要集中于对接受动力作用现状的了解与把握，即通过对接受动力作用生成、发挥过程的梳理，运用科学的方法对其进行分析、整理，从整体上对接受动力的作用实现状况与作用目标之间的具体差距予以把握，这是接受动力的作用评价目标的初级层次。二是接受动力作用评价目标的中间层次。中间层次的作用评价目标是指在深刻把握接受动力作用实现状况的基础上，对提升接受动力的作用实现程度提出针对性建议，这是接受动力作用评价的核心部分。接受动力的作用评价不是为评而评，而是为发展、为改进而评，因此，在掌握现状的基础上对动力作用的实现提出改进性建议是接受动力作用评价的重要归结点。三是接受动力作用评价目标的高级层次。高级层次的作用评价目标是指将接受动力作用的实现作为一个整体，通过对某一阶段、某一方面动力作用实现状况的了解及其基础上的改进举措，促使接受动力的整体作用效果都得到有效提升和改善。科学的接受动力作用评价目标应具有以下三个方面特征：

其一，作用评价的目标应正确反映接受主体需求和社会思想品德要求间的矛盾关系。接受主体需求和一定的社会思想品德要求间的矛盾是贯穿思想政治教育接受活动过程始终的一对矛盾，对这一矛盾的有效解决是激发思想政治教育接受动力，提升思想政治教育接受实效的题中之义。那么，对接受动力作用的评价也应围绕这一矛盾关系展开，明晰接受动力是否促进了这一矛盾的消解以及在何种程度上、以何种方式推动了这一矛盾运动，对这些问题的考察实际上是对接受动力的生成及其作用实现程度的考量，对这些问题的明晰有助于较为深入地把握接受动力的发展脉络及其作用实现状况。因此，科学的动力作用评价目标应对接受主体需求和社会思想品德要求间的矛盾予以客观反映。

其二，作用评价的目标应建立在充分考量目标实现条件的基础之上。目标是处于一定社会关系中的，目标的实现也是在一定社会环境中实现的，这意味目标的实现须建立在一定客观环境与条件的基础之上。接受动力的作用评价目标既在一定条件背景中设立，也在一定环境条件中实现。因此，接受动力的作用评价目标须将目标实现的现实条件予以综合考量。这里的综合考量是指既将接受动力作用目标实现的主观因素考虑在内，也将其实现的客观条件纳入考量范围，同时更为重要的是，要深入分析探讨主客观因素交互作用之于动力作用实现的积极作用。在对目标实现的主客观条件进行充分考量的过程中，科学评价接受动力的作用实现。

其三，作用评价的目标应正确处理作用的远期目标与近期目标的关系。如果说从横面上可以把接受动力的作用评价目标分为初级层次、中间层次和高级层次三个维度，那么，从纵向视野来看，接受动力的作用评价目标有远期和近期之分。所谓作用评价的远期目标是指要经过多次、长期的评价活动才能实现的目标，是动力作用评价的根本方向指引和最终落脚点。具体来说，接受动力作用评价的远期目标是提升接受主体的思想道德水平，促进其全面发展，远期目标呈现出持续性、统领性和根本性特点。作用评价的近期目标是通过短期的评价活动即可实现的目标指向，它体现着人们的现实需求和短期发展期待，体现出具体性和现实性。接受动力作用评价的近期目标是通过有计划的评价活动，提升接受动力作用效果，推进思想政治教育接受实效。动力作用评价的目标既要体现远期目标的方向性要求，也要具有近期目标的现实考虑，将二者统一于接受动力作用的评价目标之中。

二、作用评价的原则

评价既在一定目标的指引下进行，也在一定原则的基础上展开。评价原则规定了评价活动的基本指向与发展方向，对评价活动的顺利开展意义重大。接受动力的作用评价也须遵循相应的原则进行，动力作用评价原则的确立依据主要源于两个方面：一是评价活动的属性，二是接受动力作用的特点，评价原则的确立需充分考量这两个基本方面，脱离其中一方即不可避免地消解着原则的本质性意义。在上述依据的规定下，接受动力作用评价的原则主要包含：

其一，导向性原则。接受动力的作用评价应坚持导向性原则。导向性对接受动力作用评价的重要价值凸显为其是动力作用评价活动的方向引领，在导向性作用下，有助于确保动力作用评价活动始终朝着有利于激发接受主体接受动力的方向进行。在接受动力的作用评价中贯彻导向性原则应从以下几处着手：一是接受动力的作用评价坚持正确的政治方向。方向正确坚定，评价活动才能顺利展开。对于接受动力的作用评价而言，首要的工作即是树立正确的政治方向并将其贯穿于动力作用评价的全过程。具体来说，即是在接受动力的作用评价中坚定中国特色社会主义政治发展道路的信念，凸显党的领导、人民当家作主、依法治国三者具体的历史的统一，用坚定的政治立场为作用评价的正确方向提供保障。二是接受动力的作用评价符合新时代背景下动力作用评价的目标。如前所言，目标本身具有鲜明的方向性，在接受动力的作用评价中贯彻导向性原则就要求作用评价契合相应的评价目标。新的历史方位下，接受动力的作用评价致力于促进接受动力的作用实现，助推堪当民族复兴大任时代新人的培育。因此，动力作用的评价应以此为核心推进评价进程。三是接受动力的作用评价体现设想性和现实性的统一。动力作用评价的现实性是具体评价活动的表征，动力作用评价的设想性是评价活动未来发展的预想呈现，科学、合理的接受动力作用评价应既体现具体诉求，也指代未来预想，是二者在接受动力作用评价中具体的历史的统一。

其二，知行一致原则。所谓知行一致原则即接受动力的作用评价既要把握动力在接受主体"知"方面的作用，也要探讨动力在接受主体"行"方面的作用，实现"知"与"行"在接受动力作用维度的统筹考量。作为思想政治教育的重要范畴，"知"与"行"具有特定内涵。其中，"知"即思想政治道德知识，表征着人们对特定社会关系中人与人之间的思想政治道德关系以及针对此关系的"理论、原则、规范的理解和认识"①。"行"即思想道德行为，是个体德性品质的行为外显。辩证唯物主义坚持知行统一的知行观，在实践和认识的关系上，毛泽东指出，实践和认识的螺旋式循环促使每一次循环的具体内容均"比较地进到了高一级的程度"②，为我们正确认识和把握实践与认识的交互关系提供了方向引领。就接受动力的作用评价而言，"知"凸显为接受主体对思想政治教育信息、内容等接受客体的消化吸收、理解和领悟；"行"集中体现为接受主体将对接受客体的观念层面的认同转化为相应的行为外显，作用于客观世界促使其发生不同程度的变化。在这一过程中，"知"与"行"相辅相成，紧密结合。缺乏对接受客体的理解与吸收，接受主体的行为将失去思想支撑和理论基底；同样，没有相应行为彰显的知识只能是纸上之言，"知"或"行"任何一方的缺失都不能说接受动力取得了完整、彻底的作用效果，只有将"知"与"行"作

---

① 陈万柏，张耀灿．思想政治教育学原理：第二版［M］．北京：高等教育出版社，2007：121.
② 毛泽东．毛泽东选集：第1卷［M］．北京：人民出版社，1991：297.

为一个整体统筹考量才能全面、系统地把握接受动力作用真实的实现状况。

其三，可操作性原则。可操作性原则是接受动力作用评价的另一重要原则。这意味着动力作用评价不能停留在理论探讨和抽象解析方面，而要具有可操作、可实用的鲜明特征，可操作性是动力作用评价由理论分析转化为评价实践的关键所在。在接受动力的作用评价中，可操作性原则主要体现为，一是接受动力的作用评价标准具有可操作性。评价总是依照一定的评价标准进行的，评价标准规定了评价活动指标要素的具体构成及其权重关系，在不同的指标体系框架下，对事物的评价也不甚相同。因此，科学、客观、合理的评价指标体系的设置关涉评价的具体展开及最终结果。科学、客观、合理的评价指标体系的核心是评价指标体系具有可操作性，能够契合社会发展的客观要求与接受动力作用的实际状况，具备由理论架构转化为评价实践的潜力。二是接受动力的作用评价方案具有实用性。评价活动的顺利展开离不开具体的实施方案，实施方案的实用、具体对评价活动而言至关重要。就接受动力的作用评价而言，评价方案要在坚持评价目标和原则的基础上，对接受动力作用评价实施方案前、中、后进行细化研究，对接受动力作用评价实施的条件、环节、过程、结果等具有系统、详细的谋划，在遵循接受动力作用规律及评价活动发展规律中推进接受动力的作用评价。

三、作用评价的方法

接受动力的作用评价是评价目标、原则和方法的统一。在明晰动力作用评价目标和原则的前提下，方法的把握显得尤为重要。评价方法的选取与运用是接受动力的作用评价落到实处的关键。因此，对接受动力作用评价的探讨以作用评价的方法为落脚点。现实生活中，接受动力的作用评价方法具有多样性，复杂性，研究从接受动力作用的特殊性出发，认为接受动力的作用评价方法应突出坚持以下方法的有机统一。

（一）客观评价与主观评价的统一

接受动力的作用评价要坚持客观评价。按照被评对象是否同时为评价主体，可将评价具体划分为客观评价和主观评价。其中，客观评价是指由第三方对评价对象开展的评价活动，其一般采取自上而下的形式展开，如较为常见的上级部门对所属下级部门开展的评价即为此类。接受动力的作用评价应坚持客观评价，客观评价有助于第三方以局外人的身份对接受动力的作用进行客观、公正的评判，明晰接受动力作用生成及实现的成果与不足，从这一角度而言，客观评价具有突出优势。如在高校思想政治教育工作质量的评价中，"客观评价相对比较客观公正，具有较强的强制力和权威性，具有检查、督促、指导等功能，可以凭借奖惩、评比等方式调动高校的积极性和主动性"[①]，同时，客观评价一般集中于一段时间内对被评对象展开评价，因此其对被评对象的反映与掌握具有一定的阶段性。

接受动力的作用评价要坚持主观评价。与客观评价相对，所谓主观评价是指由被评对象自己依照一定的评价指标对自我的一种评价。就思想政治教育接受动力的作用评价而言，即接受主体在一定评价指标体系下，围绕接受动力对自我接受思想政治教育接受客体的作用状况展开的评价。主观评价具有突出的具体性、针对性和灵活性，可根据接受主体的评价需要具体展开，有助于接受主体及时把握接受动力的作用状况，并以此对个体接受做出相应的调适，以提升思想政治教育接受实效。值

[①]　冯刚. 高校思想政治教育工作质量评价研究［M］. 北京：人民出版社，2020：51.

得注意的是，由被评对象自我开展的主观评价带有被评对象较为明显的主体性特征，这种鲜明的主体性使评价结果的客观性、可信度在一定程度上有所消解。

接受动力的作用评价要实现客观评价与主观评价的有机结合。接受动力的作用评价既要坚持客观评价，也要具有主观评价，更为重要的是，要在接受实践中实现客观评价与主观评价具体的历史的统一。客观评价和主观评价的有机结合主要源于两者均具有各自鲜明的优势与不足，唯有将二者有机统一于接受动力的作用评价活动，才能在优势互补中全面把握接受动力的作用。实现客观评价与主观评价的统一应符合两方面基本要求：一是评价标准的客观性。在这里，评价标准具有客观性既意味着评价标准的制定要具有客观依据、要反映现实实践的发展要求，同时也包含主观评价中的评价标准具有客观性的意蕴。主观评价中的评价标准不可避免地带有被评对象的主体意念，具有一定的主观性，但不能用这种主观性来否定评价标准应有的客观性。二是评价内容的客观性。接受动力的作用评价内涵丰富、复杂，但其评价内容主要集中于接受动力在接受主体理解知识、接受观念、外化行为方面的作用，评价内容是客观、现实的。

（二）精准评价与模糊评价的统一

接受动力的作用评价要坚持精准评价。所谓精准评价是指在明确的评价标准、严格的评价程序、精确的评价指标设置下对被评对象展开的精确性评价，其评价过程严谨周密，评价结果追求精准确切，具有鲜明的精确性。接受动力的作用评价应坚持精准评价方法，通过精准确定接受动力作用评价的内容，依据科学精细的评价指标体系，在严格细密的评价程序中对接受动力的作用予以全面系统、确切精细的评价，对思想政治教育接受活动中的各接受动力是否实现了其动力作用，及其在何种程度上、在哪些层面实现了动力作用等进行精准把握。精准评价是准确地、具体地把握接受动力作用实现状况的内在要求。

接受动力的作用评价要坚持模糊评价。相较于精准评价，模糊评价是从整体上对被评对象做出的一种大而化之、笼而统之的评价。模糊评价侧重对被评对象总体状况的大体把握，与具体相比突出宏观，与精细相比侧重笼统，具有突出的相对性。接受动力的作用评价要坚持模糊评价，这主要源于在思想政治教育实践活动中，接受动力要素复杂多样，各接受动力的生成及其作用也各不相同，甚或各接受动力作用的条件、范围、方式、程度等均各有特点。一般而言，对接受动力的作用展开的评价活动不可能也无必要时时精细、处处具体，对接受动力的作用评价进行模糊评价，有助于对接受动力的作用状况进行整体性把握。

接受动力的作用评价要实现精准评价和模糊评价的有机结合。对接受动力的作用进行评价要坚持精准评价和模糊评价的统一。这种统一性源于精准评价和模糊评价的紧密联系。一方面，模糊评价要建立在精准评价的基础上。模糊评价不是纯粹完全的模糊，而是内蕴精准评价诉求的评价。模糊评价的开展是建立在确定的评价内容、确切的评价标准、顺序性的评价程序基础上的，这是模糊评价具有相对科学性、客观性的重要基础。另一方面，精准评价也不能完全脱离模糊评价而存在。在复杂多样的接受动力作用评价中，精准评价中也应适当融入模糊评价以实现对多样的接受动力作用状况的总体把握。

（三）显性评价与隐性评价的统一

接受动力的作用评价要坚持显性评价。显性评价是思想政治教育评价方法系统中的重要构成。在思想政治教育接受动力的作用评价实践中，显性评价侧重对接受动力之于思想政治教育接受实践直接性作用如接受动力对促进接受主体认知思想政治教育信息、内容，践行一定思想品德要求等方面的作用做出评估。作为一种评价方法，显性评价有助于对接受动力的作用做出直观反馈，对客观理解与把握思想政治教育接受动力在接受主体认知与行为等维度的直接作用具有重要的现实意义。因此，显性评价是科学评价思想政治教育接受动力具体作用的内在要求。

接受动力的作用评价要坚持隐性评价。在思想政治教育评价话语体系下，隐性评价是与显性评价相对应的方法范畴。就思想政治教育接受动力的作用评价实践而言，相较于显性评价，隐性评价侧重对接受动力之于思想政治教育接受实践间接性作用如接受动力对接受主体的思想与品德方面的作用做出评估。一般而言，主体在认知与行为方面的变化是显性的、可直接感知的，而其思想与品德方面的改变是隐性的、不易察觉的，此时，聚焦直接性作用的显性评价即对接受动力对主体思想品德的塑造难以充分予以衡量与评估。因此，隐性评价是全面、完整地呈现思想政治教育接受动力具体作用的客观之义。

接受动力的作用评价要实现显性评价与隐性评价的有机结合。由上所述，在思想政治教育接受活动中，接受动力不仅作用于接受主体的认知与行为，也作用于接受主体的思想与品德状况，其对思想政治教育接受实践的作用既具有直接性，也凸显出间接性。显性评价与隐性评价是思想政治教育接受动力作用评价的重要方法，两者具有各自的着力点与侧重方面，在思想政治教育接受动力的作用评价中，对于二者不能厚此薄彼，片面强调显性评价或片面强调隐性评价均不利于实现对思想政治教育接受动力作用的全面把握。依据具体的思想政治教育接受动力作用评价实践实现显性评价与隐性评价的统一是客观、全面评价接受动力作用的必然选择。

　　接受动力的作用评价应建立在科学的评价方法基础之上，在评价实践中坚持客观评价与主观评价的结合、精准评价与模糊评价的结合、显性评价与隐性评价的结合是科学理解和把握接受动力作用评价的题中之义。

第五章

思想政治教育接受动力的优化

思想政治教育接受动力既是一个理论命题，同时也是关涉思想政治教育接受实效的重要实践课题。思想政治教育接受动力研究具有理论研究和实践研究的双重属性。这种双重属性突出表现为着力思想政治教育接受动力研究，不仅是为了在理论上分析思想政治教育接受动力的生成与作用过程，揭示其内在运行逻辑，在其基础上形成一般性认识。同时更为重要的是，在较为系统的理论探讨中更好地认识和把握思想政治教育接受动力，并在实践基础上推动思想政治教育接受动力的优化发展，以进一步提升思想政治教育的接受实效。因此，思想政治教育接受动力优化研究是探讨思想政治教育接受动力的重要落脚点。

第一节　思想政治教育接受动力优化的科学把握

作为由"优化"及"思想政治教育接受动力"构成的特殊范畴，"思想政治教育接受动力优化"具有特定内涵。其内涵的明晰可从思想政治教育接受动力优化的必要性—重要性—可能性的内在逻辑中窥见一斑。思想政治教育接受动力优化既具有理论维度的重要意义，也具有实践维度的可行属性，是优化思想政治教育接受动力这一动态过程与思想政治教育接受动力的优化这一静态结果的有机统一。

一、思想政治教育接受动力优化的价值意义

思想政治教育接受动力优化不是一个虚化性名词，而是基于现实问题生发而来的学科命题。对于思想政治教育接受动力而言，其优化发展是重要性与必要性的统一。

（一）优化的必要性

如前所言，接受主体所具有的接受动力关乎思想政治教育的展开及具体实效。从这一角度来看，在思想政治教育实践中，思想政治教育接受动力是制约思想政治教育实效性的关键所在。受教育部委托，日前全国大学生思想政治教育发展研究中心对"大学生思想政治状况滚动调查"的结果显示，目前我国高校青年学生的思想政治教育接受状况在保持整体向好的同时，接受动力不足、实践效果不佳的问题仍在一定范围内存在。部分研究者针对思想政治教育接受动力问题开展的实践调研结果表明，在传统惯性思维的影响下，思想政治教育传导社会主流意识形态的社会工具属性与满足个人发展需求的个体功能属性之间的不平衡性尚未得到根本解决，"在我国，思想政治教育具有特殊的社会功能性，更多地被看作为社会政治、经济发展服务的""为了服务社会政治目的、符合社会经济发展的要求，从而轻视大学生在思想政治教育活动中的主体性，甚至于无视大学生的精神追求和物质需要"[①]。的倾向尚未彻底根除。这种不平衡性易对思想政治教育接受动力的形成与激发造成消极影响，进而引发思想政治教育接受效果的不尽如人意。而思想政

---

① 苏大雪. 高校大学生接受思想政治教育动力培养研究 [D]. 桂林：广西师范大学，2017：24.

治教育接受动力不足是多重因素共同作用的结果，从思想政治教育接受动力生成的视角来看，其原因可归结为以下两个方面：其一，接受主体动力意识薄弱。在马克思主义哲学视域下，主体性是人的本质性属性，人所具有的能动性、主动性是人区别于其他生命的类属性，它奠定了人所以为人的重要基础。同时，个体的这种能动性、主动性并不天然相互等同，这种差异集中表现为个体意识能力的不同。就思想政治教育接受动力而言，思想是行为的先导，思想政治教育接受动力发挥行为导向作用的前提是思想政治教育接受动力意识的生成。"一切动力只有通过人们的头脑，为人的头脑所反映、吸收，变为人的头脑意识到的动力，变为主体自身内在的、自觉的动力，才能真正成为推动主体行动的动力。"① 个体内在动力的存而不自知是思想政治教育接受动力生成的一大阻碍。其二，接受动力的转化受阻。如前所述，思想政治教育接受动力是接受主体在内外动力要素的交互作用中形成的，动力要素的转化是接受动力得以生成并发挥其应有作用的必要一环。"当动机与外在条件结合时，即受到外在条件的诱发时，人的心理能量就可以释放了，也就是人的精神力量发挥作用，推动人的行为。"② 以需要为例，需要是思想政治教育接受的重要动力要素。作为一项有目的、有计划、有组织的教育实践活动，思想政治教育聚焦于满足不同个体的社会共同需要和个体自我需求。在思想政治教育实践中，接受主体只有将思想政治教育所传导的一定社会的思想观念、政治观点、道德规范等转化为个体内在发展需求，才能在实践中真正实现内化与外化的统一。

（二）优化的重要性

在思想政治教育实践中，思想政治教育接受动力的优化具有重要的

---

① 骆郁廷. 精神动力论 [M]. 武汉：武汉大学出版社，2003：206.
② 郝登峰. 现代精神动力论 [M]. 广州：广东人民出版社，2005：124.

理论意义和实践价值。其一，提升接受主体的自觉意识。从思想政治教育接受动力的生成角度来看，接受主体的自觉意识和其接受动力是相辅相成的双向互动过程。一方面，思想政治教育接受动力依托于接受主体自身内含的强烈自觉性、能动性。在这种自觉意识的基础上，思想政治教育接受的内外动力要素交互作用生发出思想政治教育接受动力，促使接受主体积极主动地选择、消化、吸收思想政治教育信息、内容等接受客体，推动思想政治教育接受的最终实现。另一方面，思想政治教育接受动力可反作用于接受主体的自觉意识。在思想政治教育接受动力要素实现动力性转化的过程中，接受主体接受思想政治教育的主动性和自觉性不断强化，其自觉意识通过思想政治教育接受动力的转化实践得以提升。其二，推动思想政治教育接受合动力的形成。思想政治教育接受动力的优化对于思想政治教育接受合动力的推动作用主要体现为两个方面：一方面，协同方向。在思想政治教育接受动力转化实践中，思想政治教育内外各动力要素均是接受动力生成的重要来源，但由于形成原因及作用方式的不同，两者生成的动力并不总是同向而行的，甚或出现相向而行的情形。而思想政治教育接受动力的优化则着眼于思想政治教育接受动力的最大化，以此可有效规制各动力要素朝着同一方向发力。另一方面，整合动力。思想政治教育接受合动力的形成是思想政治教育内在驱动要素与外在导向要素交互作用的结果，思想政治教育接受动力的优化有助于整合各部分作用力，推进接受合动力的最终形成。其三，促进思想政治教育接受动力功能的实现。推动实现思想政治教育接受动力的功能是思想政治教育接受动力优化的题中之义。接受动力的优化为接受主体内化思想政治教育信息、内容等接受客体并外化为其自身相应的行为习惯奠定了重要基础。只有在思想政治教育接受动力持续优化的基础上，接受动力的生成及作用才能得以充分实现，思想政治教育接受实效才能不断提升。

二、思想政治教育接受动力优化的可行性分析

思想政治教育接受动力优化在凸显必要性与重要性的同时，也具有现实维度的可能性，优化之必要性、重要性、可能性三者的有机统一构成了思想政治教育接受动力优化的内在逻辑。

首先，优化的客观条件。思想政治教育接受动力优化的客观条件凸显为以下两点：一是优化的跨学科视野。"多学科视野构建研究体系是现代科学发展的重要趋势。随着科技与社会的纵深发展，学科间的交叉、渗透与融合已然成为现代科学持续发展的推动力量。"① 跨学科思维不仅是学科发展的重要保障，同时也是学科优化的客观要求。具体就思想政治教育接受动力而言，目前部分研究者围绕接受动力的优化开展的相关研究尤其是关于优化的措施、载体、路径等的研究已涵盖心理学、接受美学、系统论等多学科分析视野，呈现出跨学科研究趋向。这种多学科分析倾向有助于更为全面、科学地把握思想政治教育接受动力优化的本质及其规律。二是优化的整体环境。如前所述，环境是思想政治教育学科中的一个重要范畴，思想政治教育接受动力的优化不可脱离特定环境孤立展开。目前，思想政治教育的整体环境对接受动力的优化具有积极作用，这集中体现为随着现代科技的迅猛发展，接受动力的优化载体愈加丰富多元，优化的技术手段持续进步，从而为推进新时代背景下思想政治教育接受动力的优化发展提供了良好环境氛围。

其次，优化的主观条件。一是思想政治教育接受动力的优化意识不断提升。这里的优化意识主要是指优化的研究意识。在思想政治教育实

---

① 冯刚，张欣. 中国共产党百年思想政治教育史研究的经验与展望［J］. 重庆大学学报（社会科学版），2020（4）：10.

践不断推进的基础上，思想政治教育接受动力的优化成为思想政治教育学科理论研究和实践探讨的重要命题。诸多研究者或着眼完善思想政治教育基础理论，或着眼提升思想政治教育接受实效等开展了系列研究活动，在研究实践中不断强化的思想政治教育接受动力的优化意识可进一步推动思想政治教育接受动力的创新发展。二是对思想政治教育接受动力的理论认知得以深化。理论研究是学科研究的重要使命，把握研究对象内在本质、揭示其发展规律是学科持续发展的重要前提。就思想政治教育接受动力而言，目前学界关于思想政治教育接受动力存在的问题、面临的困境、解决的举措等议题的研究不断深化，围绕什么是思想政治教育接受动力优化、为何要进行思想政治教育接受动力优化及如何优化思想政治教育接受动力等进行了较为深入的探讨，理论认知的持续推进为优化思想政治教育接受动力奠定了坚实的学理基础。

三、思想政治教育接受动力优化的具体内容

从构词的角度来看，思想政治教育接受动力优化是"思想政治教育接受动力"和"优化"在特定条件下的合成性词汇。因此，思想政治教育接受动力优化是"思想政治教育接受动力"和"优化"本质内涵在思想政治教育接受实践中的耦合。其中，关于何为思想政治教育接受动力前文已进行相应探讨，这里不再赘述。而"优化"聚焦接受质量，以实现思想政治教育接受动力的最大化为重要旨归。因此，讨论思想政治教育接受动力优化，就要统筹考量思想政治教育接受动力各方面的影响要素，从整体上对其予以把握。在此基础上，推动各方面思想政治教育接受动力要素实现协同，在最为默契的相互作用中提升思想政治教育接受实效。思想政治教育接受动力优化内在蕴含"优化思想政治教育接受动力"和"思想政治教育接受动力的优化"两层含义，是优

化思想政治教育接受动力的动态性过程和思想政治教育接受动力的优化这一静态性结果的有机统一。其一，优化思想政治教育接受动力。"优化思想政治教育接受动力"围绕在思想政治教育接受实践中为何优化、如何优化各方面动力展开，集中解决如何优化思想政治教育接受动力这一核心性问题。因此，本研究认为"优化思想政治教育接受动力"是在考量思想政治教育接受动力要素的基础上，聚焦如何优化这一核心命题，推动各动力要素交互作用，形成各方面动力的最优组合，以实现思想政治教育接受动力最大化为目的的活动过程。其二，思想政治教育接受动力的优化。"思想政治教育接受动力的优化"是结果性概念，其侧重于优化成效这一重要课题，是思想政治教育接受动力优化结果的具体呈现。值得注意的是，思想政治教育接受动力的优化包含思想政治教育接受动力优化的评价之义，这里的评价具有突出的导引作用。在思想政治教育接受实践中，对思想政治教育接受动力优化成效做出的客观、系统评价是推动思想政治教育接受动力优化发展的重要力量。

第二节　思想政治教育接受动力优化的原则

如前所言，思想政治教育接受动力优化关切思想政治教育接受效果的提升与思想政治教育根本目标的最终实现。以思想政治教育实践为基，推动思想政治教育接受动力的不断优化是思想政治教育持续发展的客观要求。从根本上来说，思想政治教育接受动力优化是思想政治教育接受动力生成及作用内在规律在思想政治教育接受动力优化实践中的展开，在思想政治教育接受动力优化实践中，应坚持如下原则。

一、动力要素与动力系统相统一

在马克思主义视域下，世界具有普遍联系性。认识与把握事物的本质、规律需从普遍性上认识事物复杂多样的联系。要素是事物联系的基本单元。系统是由相互依赖、相互作用的诸多要素以一定结构形式存在的有机整体。系统亦具有普遍性，这要求我们在开展研究活动时，善于运用综合分析的方法从整体上分析研究对象，把握其内在的、必然的、本质的联系。要素与系统是思想政治教育接受动力中的重要范畴，思想政治教育接受动力是思想政治教育各动力要素相互关系及作用的结果性呈现。随着系统科学的发展，人们对系统内在结构、运行规律的认识不断深化，作为系统重要构成的结构研究也获得了广泛关注并取得了较为深入的研究成果。结构是系统的构成方式，其是系统中各要素之间相互关系的组织形式。"结构是指系统内部各个组成要素之间的相对稳定的联系方式、组织秩序及其时空关系的内在表现形式。"① 即结构是系统中各构成要素的地位、作用及其相互关系的具体表征。思想政治教育接受动力范畴既包含要素，亦包含结构。"精神动力对人的发展和社会发展产生的推动作用，取决于精神动力的结构。"② 在思想政治教育接受实践中，接受动力是以一定的结构方式来运行的。构成这一结构的各个要素，如需要要素、矛盾要素、价值判断要素、环境要素等，都在接受动力的生成、运行中发挥着其特殊的要素作用。正是在这些要素不同方面功能作用充分发挥的基础上，思想政治教育接受动力才得以最终形成。可见，动力要素与动力系统结构之间的关系具有相辅相成性。具体而言，思想政治教育各接受动力要素与系统结构的关系，凸显为个别和

---

① 魏宏森．系统论：系统科学哲学［M］．北京：世界图书出版社，2009：294.
② 骆郁廷．精神动力论［M］．武汉：武汉大学出版社，2003：157.

整体。在思想政治教育接受动力系统中，每一动力要素的交互作用为思想政治教育接受合动力及其最优化提供了可能。同时，各动力要素是接受动力系统中的要素构成，脱离系统结构的动力要素无异于瞬现昙花。只有思想政治教育接受动力要素间形成科学、稳定的系统结构，接受动力要素向接受动力的转化才能顺利展开。

基于动力要素与动力系统间这种相辅相成的关系，思想政治教育接受动力优化应坚持接受动力要素优化与系统结构优化的统一。为此，在思想政治教育接受动力优化实践中需统筹以下两个方面：其一，从整体处着手优化思想政治教育接受动力。这意味着需将整体思维与系统思维贯穿思想政治教育接受动力优化过程的始终，对思想政治教育接受动力要素结构及其内部层次关系予以系统把握，统筹考量各接受动力要素在系统结构中的地位、作用等，推动各接受动力要素在强化接受动力、提升接受实效方向下交互作用，完成接受动力要素向接受动力的转化，推动思想政治教育接受合动力的形成。在这一过程中，既不主观夸大各动力要素的重要性，亦不人为忽视部分动力要素的价值，使各接受动力要素在系统结构中处于其应有的合理位置。其二，从部分处着手优化思想政治教育接受动力。从部分处着手思想政治教育接受动力的优化，强调各接受动力要素的重要意义，侧重各接受动力要素自身最大力量的激发。通过各部分动力要素自身能量的最大化推动思想政治教育接受合动力的最优化。以思想政治教育接受动力系统中的需要要素为例，在思想政治教育接受动力优化实践中，我们既要看到其对于接受主体接受思想政治教育信息、内容等接受客体的极端重要性，同时也要充分考量需要要素的动力性生成及其作用实现和接受主体内在的价值判断、接受环境、接受评价等要素的内在联系性，在推动需要要素动力性转化的同时要兼顾需要要素与其他接受动力要素的良性互动，以期从整体上优化思想政治教育接受动力。

二、目标优化与路径优化相统一

实践活动既是有意识的活动，也是有目的的活动。无论个体活动抑或群体活动，其总是在一定目标的指引下展开的。"劳动过程结束时得到的结果，在这个过程开始时就已经在劳动者的表象中存在着，即已经观念地存在着。他不仅使自然物发生形式变化，同时他还在自然物中实现自己的目的，这个目的是他所知道的，是作为规律决定着他的活动的方式和方法的，他必须使他的意志服从这个目的。"① 作为一个学科范畴，"目标"在现代管理学、组织行为学等学科中得到了广泛应用与研究，取得了较多研究成果。其中，目标设置理论和目标管理理论影响深远。前者围绕目标属性及价值展开，提出绩效主要来源于目标的具体性及挑战性，目标规定了特定时期的行进方向与任务，是主体行为的重要动力来源。因此，其价值性集中体现为对主体行为动机的诱发及精神动力的激发。后者侧重目标管理与自我控制，强调目标参与。由马克思主义相关阐述及现代管理学关于目标的研究不难看出，作为一项有意识的人类实践活动，目标具有突出的主体性，其设置、完成与作用均指向主体本身。因而，在实践基础上对目标进行优化是提升目标科学性的内在要求。"系统的优化总是与一定的目的相联系的，具体的优化与具体的目的相联系，离开目的性就没有参考点，就无法定义优劣。从动态的过程来看，系统的目的性是系统优化的目的，是系统实现优化的结果，同时，系统的优化又正是实现目的的过程，是系统实现目的的手段。"②

---

① 中共中央马克思恩格斯列宁斯大林著作编译局. 马克思恩格斯选集：第 2 卷 [M].
北京：人民出版社，2012：170.
② 魏宏森. 系统论：系统科学哲学 [M]. 北京：世界图书出版社，2009：353.

路径优化是思想政治教育接受动力优化的题中之义，这里的路径既包含接受动力的生成路径、作用路径，同时也包括优化思想政治教育接受动力的具体路径选择。思想政治教育接受动力路径优化应注重路径的多样化。一方面，思想政治教育接受动力要素间的交互作用复杂多样，动力要素转化为接受动力的途径、形式等不尽相同。同时，随着信息时代的深化推进，信息途径多元化背后是思想政治教育接受动力优化路径的多样化发展。途径单一的优化路径既不符合思想政治教育接受动力生成的客观需求，也与多样化的时代发展诉求背道而驰。

思想政治教育接受动力优化需科学把握目标优化与路径优化间的相互关系，厘定目标优化与路径优化在具体内涵、呈现方式、实现载体等方面的异同，明晰目标优化之于路径优化的方向引导作用，路径优化之于目标优化的积极推动作用，在思想政治教育接受动力优化实践中实现二者的有机统一。同时，需要注意的是，思想政治教育接受动力优化路径的多样化并不等同于思想政治教育接受动力优化目标的多元化。思想政治教育接受动力的优化目标应服从、服务于思想政治教育目标。作为一种系统地传导社会主流意识形态的教育实践，思想政治教育承担着培养什么人、如何培养人、为谁培养人的重要历史使命及立德树人的根本任务，这一点具有确定性，思想政治教育接受动力目标的优化以这一历史使命与任务实现为方向指引。新时代背景下，我国思想政治教育以培养德智体美劳全面发展的社会主义事业合格建设者和可靠接班人，培育担当中华民族伟大复兴历史使命的时代新人为指向，这一总目标是明晰的。思想政治教育接受动力的优化方向必须与思想政治教育总目标保持一致，在此基础上，积极探索优化途径的多样性。如此，实现思想政治教育接受动力的优化才具有现实可能性。

三、方法多样性与提升实效性相统一

思想政治教育接受动力优化应注重优化方法的多样性。方法是科学研究的重要范畴，列宁指出："在探索的认识中，方法也就是工具，是在主体方面的某个手段，主体方面通过这个手段和客体相联系。"[①] 毛泽东则在方法与任务的辩证关系中强调了方法的极端重要性，指出"我们不但要提出任务，而且要解决完成任务的方法问题。我们的任务是过河，但是没有桥或没有船就不能过。不解决桥或船的问题，过河就是一句空话。不解决方法问题，任务也只是瞎说一顿。"[②] 可见，方法在主体认识与改造世界中具有不可或缺性。就思想政治教育学科而言，"思想政治教育方法，就是为了实现教育目标、传递教育内容，是教育者对受教育者所采取的思想方法和工作方法"[③]。思想政治教育方法对思想政治教育目标的实现、思想政治教育任务的完成、思想政治教育实效的取得等均具有重要价值意义。由其内涵不难看出，思想政治教育方法具有多样性，"雄伟和细腻，严肃和诙谐，抒情和哲理，只要能够使人们得到教育和启发，得到娱乐和美的享受，都应当在我们的文艺园地里占有自己的位置"[④]。从这一角度而言，思想政治教育过程即是教育者立足实践，根据教育内容实际与教育对象思想实际选择恰当的思想政治教育方法实现思想政治教育目的的过程。如此，思想政治教育接受动力的优化方法也具有多样性。在思想政治教育接受动力优化实践中，接受主体所具有的认识及其思维是客观世界对象化的产物，其必然随客观

---

① 列宁. 列宁全集：第 55 卷 [M]. 北京：人民出版社，2017：189.

② 毛泽东. 毛泽东选集：第 1 卷 [M]. 北京：人民出版社，1991：139.

③ 张耀灿，郑永廷，吴潜涛，等. 现代思想政治教育学 [M]. 北京：人民出版社，2001：362.

④ 邓小平. 邓小平文选：第 2 卷 [M]. 北京：人民出版社，1994：210.

世界的发展而变化，方法的多样化发展是思想政治教育接受动力不断优化的重要保障。

思想政治教育接受动力优化应充分考量优化实效。实效性是思想政治教育学科中的重要范畴。究其内涵，思想政治教育的实效性指"在实践过程中思想政治教育的方法有无可行性，是否可以在实践活动中产生良好的结果"。① 而方法的实效性则是某种方法产生的实际效果与预期目标之间的吻合程度。其中吻合程度高的方法具有较强实效性，反之则实效性较弱。思想政治教育方法的实效性是教育主体在遵循接受主体思想、心理和行为实际等特征的基础上，运用恰当的教育方法所产生的教育成效与教育目标的符合程度。在思想政治教育接受动力优化实践中，以接受动力的优化成效为标尺反观接受动力优化方法与优化目标间的符合度，对推进思想政治教育接受动力深化发展具有重要作用。

在思想政治教育接受动力优化实践中，方法多样与优化实效的有机统一是优化思想政治教育接受动力的重要原则。思想政治教育方法与实效的本质内涵表明，思想政治教育方法具有多样性，其方法的多样化发展与思想政治教育实效统一于思想政治教育实践。就思想政治教育接受动力的优化而言，一方面，在思想政治教育接受动力优化实践中，明晰何种方法能够最大限度地促使接受主体选择、消化、吸收思想政治教育信息、内容等接受客体是优化思想政治教育接受动力的重要课题。这一课题的科学解答有赖于优化方法多样性的充分呈现，即通过思想政治教育接受动力优化方式方法的多样性，分析探讨思想政治教育接受动力发挥作用的最优化方式。另一方面，思想政治教育接受动力优化方法的择取须服从、服务于思想政治教育接受动力优化目标，以提升思想政治教

① 张耀灿，郑永廷，吴潜涛，等. 现代思想政治教育学［M］. 北京：人民出版社，2001：102.

育接受动力的优化实效为方向旨归，若非然，将消解思想政治教育接受动力优化方法的存在意义，其应用价值也就不复存在。因此，思想政治教育接受动力优化方法的选择不仅要凸显多样性，同时亦要重视其实效性，在丰富多样的方法中择取能够提升接受动力实效的方式方法。

第三节　思想政治教育接受动力优化的路径

思想政治教育接受动力的优化路径、措施分析是思想政治教育接受动力优化的重要归结点，只有在具体的路径与措施中，优化才能落至实处。在明晰思想政治教育接受动力优化的逻辑机理、内在含义、优化原则的基础上，可对思想政治教育接受动力优化的具体举措加以探讨。结合思想政治教育接受动力的要素构成及思想政治教育接受动力的具体生成，优化思想政治教育接受动力应从以下几个方面着力。

一、提升接受主体价值判断科学性

如前所言，在思想政治教育接受实践中，价值判断是接受主体对思想政治教育信息、内容等接受客体有无价值或价值大小的评判，其评判科学与否直接关切接受主体接受动力的生成，影响思想政治教育接受实效。

（一）接受主体价值判断科学性的基本特征

在思想政治教育接受实践中，接受主体价值判断的科学性凸显为价值事实与科学事实的统一。在马克思主义视域下，事实表征着客观存在。思想政治教育接受主体视野下的事实有科学事实和价值事实之分，二者的有机统一是接受主体价值判断科学性的基本特征。所谓价值事实是"主客体之间价值关系运动所形成的一种客观的、不依赖于评价者主观意识的存在状态，它既是客体对主体的价值现实，又是客观的事实"①，即价值事实是主客体间价值关系的现实反映及结果。从其内涵中不难发现，价值事实具有鲜明的客观性与主体性，是客观事实与主体价值判断在价值关系中的具体的历史的结合。其客观性在于，在具体的价值关系中，价值主体、价值主体的需要、价值客体以及价值主客体间的交互作用都是客观存在的。其主体性在于，"在任何理论中，这两类研究——实证的和实践的——都有着密切而全面的相互蕴含关系。在任何理论中，我们关于应当的观点的具体内容，都必然地来自我们对'是'的理解"②。即价值事实是一种主体性事实，在价值关系中，价值主客体间相互作用的结果表现于主体自身所具有的认知结构、发展能力等，是一种依赖于主体特质的属人的事实。而科学事实是一种客体性事实，是对客体事实的现实反映与描述。因此，价值事实与科学事实两者的区别主要表现为，对于特定的客体，科学事实只有一个，其具有确定性；而价值事实则随主体的不同呈现出差异性，正所谓"仁者见仁智者见智"。科学的价值判断既包括科学事实，也内蕴价值事实，在价值判断中不以科学事实否定价值事实，也不以价值事实否定科学事实，将二者有机统一于价值判断实践。如此，接受主体的价值判断既是客观存在的反映，亦合乎主体的特质需求，有利于科学、完整地把握接受主客体间的价值关系。

（二）接受主体价值判断的引导路径

接受主体的价值判断是可引导的。在思想政治教育接受实践中，通过引导接受主体对思想政治教育的价值判断来提升其价值判断的科学

①　李德顺. 价值论［M］. 北京：中国人民大学出版社，2007：235-23.
②　西季威克. 伦理学方法［M］. 廖申白，译. 北京：中国社会科学出版社，1993：26.

性，是解决思想政治教育接受动力问题的必要举措。对接受主体价值判断的引导需建立在对价值、价值判断、价值关系等范畴的科学认知的基础之上，反映思想政治教育接受主体的现实特质与发展诉求。具体而言，对接受主体价值判断的引导应着力于以下两点：其一，树立正确的价值评价标准。思想政治教育接受主体对思想政治教育所作出的具体价值判断是依据其所持的价值评价标准实现的。评价标准"实质上是人们在自己的价值标准和外部客观现实之间谋求一种具体的、积极的统一所得出的历史结论"。① 从评价标准的相关界定中可以看出，正确的评价标准是客观的、是以实践为根本标尺的，因为"全部社会生活在本质上是实践的。凡是把理论引向神秘主义的神秘东西，都能在人的实践中以及对这种实践的理解中得到合理的解决"。② 实践构成了价值判断的最高标准。因此，思想政治教育接受主体应在实践思维的导引下把握思想政治教育价值关系，在此基础上作出科学的价值判断。其二，创新接受理念。在思想政治教育接受实践中，科学的价值判断与接受主体内在的接受理念密切相关。思想政治教育接受理念是接受主体在思想政治教育接受实践过程中下意识遵从的思想、原则的集合。在传统思想政治教育接受视域中，侧重满足社会需求以推动整体发展的社会性观念在接受理念中表现出强势地位，其往往主导着接受主体的价值判断。随着实践的发展，接受主体的主体意识日益强化，接受理念呈现出建立在主体实践经验基础上的个体性观念与社会性观念相互融合的趋向，这一理念发展倾向有助于在个体诉求与社会需要的有机统一中规范接受主体的价值判断。

---

① 李德顺. 价值论 [M]. 北京：中国人民大学出版社，2007：258.
② 中共中央马克思恩格斯列宁斯大林著作编译局. 马克思恩格斯选集：第 1 卷 [M].
北京：人民出版社，2012：135-136.

二、促进接受矛盾的积极转化

矛盾要素是思想政治教育接受内在驱动要素的重要组成部分。如前所述，在思想政治教育接受实践活动中存在着多重矛盾，诸多矛盾依据其属性、地位的不同形成了具有一定结构和层次的矛盾系统。在这一矛盾系统中，无论是接受主体需求与社会思想品德要求这一贯穿思想政治教育接受活动始终的基本矛盾，抑或接受主体经验与社会思想品德要求、接受主体需要与满足需要的方式方法、接受主体与教育主体、接受主体与外部环境等思想政治教育接受活动中的具体矛盾，都在一定条件作用下转化为个体接受思想政治教育的推进力量。思想政治教育接受的实现是思想政治教育接受活动中多种矛盾要素交互作用的结果。"虽然思想政治教育基本矛盾在不同接受主体身上体现的程度和方面不同，但是接受客体一直通过接受中介，以及外在的环境影响着接受主体的思想道德素质，使其朝着社会要求的方向发展。"① 矛盾要素的动力化过程也即矛盾动力作用的实现过程。从矛盾对立统一的本质内涵来看，矛盾要素的动力性转化的实现和运动、发展等范畴紧密相关，"那么一切就都相互过渡，因为发展显然不是简单的、普遍的和永恒的生长、增多（或减少）等等"。② 文中的过渡在这里可理解为对事物存在与发展产生连接性作用的条件因子。因此，在矛盾要素的动力性转化中，转化条件的重要性尤为凸显。矛盾要素的转化条件对思想政治教育接受活动中矛盾动力的形成与发展具有直接影响，认识和分析思想政治教育接受活动中矛盾要素的动力转化条件，是科学把握思想政治教育接受过程中矛盾要素如何实现动力化的关键。促进矛盾要素的积极转化，应重点把握以

① 徐永赞. 思想政治教育接受过程研究 [M]. 石家庄：河北人民出版社，2011：88.
② 列宁. 列宁全集：第55卷 [M]. 北京：人民出版社，2017：215.

下两方面条件：

其一，矛盾要素转化的主体性条件。在马克思主义视域下，主体与客体是相对应的一对范畴。"从前的一切唯物主义（包括费尔巴哈的唯物主义）的主要缺点是：对对象、现实、感性，只是从客体的或者直观的形式去理解，而不是把它们当作感性的人的活动，当作实践去理解，不是从主体方面去理解。"① 马克思以人与自然的关系为着力点分析主体与客体范畴，明确提出人是主体，自然是客体。同时，人既是自然的主体，也是实践的主体，主体性是人特有的属性。在思想政治教育接受实践活动中，把人这一因素纳入矛盾要素实现动力性转化的参与力量加以考量，既是各矛盾要素相互作用的客观要求，也是科学把握各矛盾要素动力化问题的题中之义。人的主体性构成矛盾要素实现动力化的一种条件。矛盾要素转化的主体条件是建立在实践基础之上的人的主动性、能动性对推动矛盾要素动力化的积极因素的统称。其中，人的主动性、能动性是人所以为人的本质属性，但这种主体性并不意味着人这一主体的随心所欲。主体性是实践基础上的人的主体性，思想政治教育接受实践活动中的接受主体受到客观条件的制约。这意味着接受主体在发挥主动性、能动性推进思想政治教育接受矛盾要素动力性转化的过程中，需以一定的客观条件为基。同时，人的主体性集中体现为其能动性。教育主体和接受主体是思想政治教育接受实践活动中的两个主要主体性力量，充分发挥教育主体的能动性与接受主体的能动性是思想政治教育接受矛盾要素实现积极转化的重要环节。一方面，教育主体能动性的充分发挥推动思想政治教育接受活动中矛盾的积极转化。教育主体充分发挥能动性有助于促使其以积极主动的精神状态把握思想政治教育活

① 中共中央马克思恩格斯列宁斯大林著作编译局 . 马克思恩格斯选集：第 1 卷［M］. 北京：人民出版社，2012：133.

动全过程，在充分了解接受主体思想品德发展水平及其接受能力的基础上选取适当的方式方法推进教育呈现。这意味着思想政治教育主体需在实践中不断提升自身综合素养，充分考量接受主体的发展需求与期待。"思想政治教育实践工作者要注重提升理论思维和理论素养，有意识地将辛苦转化为成果，将经验上升为科学。"① 另一方面，接受主体能动性的充分发挥推动思想政治教育接受活动中矛盾的积极转化。作为主体性存在，接受主体带有特定的认知结构、情感诉求、信念构成、意识表达等，这些前设性的主体内在潜移默化地影响着思想政治教育接受的实现。接受主体能动性的充分发挥有助于其更为积极主动地寻求与教育主体、外在环境及思想政治教育信息、内容等接受客体的同构，从而为思想政治教育接受活动中矛盾的积极转化创设条件。

其二，矛盾要素转化的客体性条件。矛盾要素动力性转化的实现不仅需要主体性条件，也离不开一定的客体性条件，矛盾要素的动力化是主体性条件和客体性条件共同作用的结果。这里的客体性条件主要是指促进矛盾要素动力化的各种客观的物质和精神要素。在思想政治教育接受实践活动中，矛盾要素是在一定客观条件下，一定空间、一定时间里合乎规律地展开的一种必然倾向。因此，矛盾要素的动力性转化不只是抽象的概念过程，更是具体的历史的活动过程。在理论维度下，矛盾要素的动力性转化是具有一定抽象性的复杂的辩证过程。在实践维度下，矛盾要素的动力性转化既关涉接受主体、教育主体等主体性因素，也涉及载体媒介、方式方法、教育环境等物的因素。因此，推动矛盾要素的积极转化需综合考量各影响因素及其相互关系。就客体性因素而言，空间性条件和时间性条件是矛盾要素实现动力性转化的重要基础。一是空

---

① 冯刚.思想政治教育研究热点年度发布［M］.北京：团结出版社，2020：7.

间条件。矛盾要素是在一定空间内存在的，其转化也是在一定空间内实现的，脱离空间的矛盾要素是不能存在与发展的。在思想政治教育接受实践活动中，推动矛盾要素的积极转化需具体把握接受矛盾转化的特点、依据、阶段等，在此基础上不断优化矛盾要素的活动空间，创设矛盾要素动力性转化的空间条件。二是时间条件。思想政治教育接受矛盾要素的动力性转化要充分考量时间因素，时间对矛盾要素的展开而言具有必要意义。时间指向顺序性、延展性，因此，思想政治教育接受活动中矛盾要素展开的时间条件主要是指在思想政治教育接受活动过程中矛盾要素动力性转化的顺序性和延展性，这些时间维度的属性制约着矛盾要素的具体展开。在思想政治教育接受实践活动中，矛盾要素动力性转化的实现在不同阶段具有差异化的表现形式与条件要求，其展开过程内在存在一定的时间逻辑。因此，在推动思想政治教育矛盾要素动力性转化时须遵循一定的时间逻辑来进行。如若把这一阶段对矛盾要素动力性转化的认识简单挪移到其他阶段，就脱离了矛盾要素动力转化的具体实际，此时将难以实现矛盾要素转化的主客观条件具体的历史的统一。

三、在优化环境中创设接受文化

环境与文化是思想政治教育接受外在导向要素的重要构成。环境要素和文化要素在思想政治教育接受活动中动力作用的明晰，有助于更为全面、多层地透视思想政治教育接受动力，更好地把握环境与文化的育人功能。同时，实践维度的环境与文化又总是存在千丝万缕的联系。因此，这里将环境和文化予以综合考量。优化思想政治教育接受动力，就要致力于优化其赖以存在的内外环境，营造最益于思想政治教育接受动力生成与作用的文化氛围。

（一）思想政治教育接受环境的优化方向

优化思想政治教育接受环境是在实践基础上寻求思想政治教育接受环境要素的最佳组合及作用方式，以推动环境要素动力作用的积极实现，提升思想政治教育接受实效的活动过程。在具体实施中应坚持以下优化方向：其一，有助于营造良好的政治氛围。在思想政治教育接受实践中，接受主体面对诸多思想政治教育信息、内容等接受客体时，其已有观念系统中往往包含天然的质疑思维，并且这种质疑思维能力伴随接受主体意识的提升得以不断强化。其现实影响凸显为接受主体在思想政治教育接受实践中更为积极主动地通过相关信息的搜集来审视、印证思想政治教育信息、内容，并在此基础上展开选择、消化、吸收等过程。在这一过程中，政治氛围的作用至关重要。以网络场域为例，随着网络信息技术的深入发展，互联网成为接受主体获取信息的重要媒介，网络安全的重要性日益凸显。在思想政治教育接受过程中，消解海域信息的冲击、不良信息的侵蚀既需接受主体不断提升自我辨别真伪的能力，也离不开良好网络政治文化氛围的营造。因此，优化思想政治教育接受环境应以创设良好政治文化氛围为导引，在有利于思想政治教育接受的政治氛围中推动思想政治教育接受环境的最优化。其二，有助于形成积极的接受舆论。正确的舆论导向对思想政治教育接受具有重要意义，接受舆论的实质是对社会存在的反映，是接受主体对传导社会思想品德要求的一种共识，其表征着接受主体的知识道德水平、价值取向、需要及期待。习近平总书记指出，"要牢牢把握正确舆论导向，唱响主旋律，壮大正能量，做大做强主流思想舆论，把全党全国人民士气鼓舞起来、精神振奋起来，朝着党中央确定的宏伟目标团结一心向前进。"① 为此，要

① 习近平. 举旗帜聚民心育新人兴文化展形象 更好完成新形势下宣传思想工作使命任务 [N]. 人民日报，2018-08-23（1）.

在社会范围内有针对性地开展马克思主义理论教育，开展中国特色社会主义理论体系教育，塑造积极的思想政治教育接受舆论。思想政治教育接受环境的优化应以正确的舆论导向为引领，结合时代需求，采取多种优化方式，推动思想政治教育接受舆论氛围的形成，为思想政治教育接受动力的激发、生成及作用等提供社会舆论条件。

（二）思想政治教育接受环境的优化重点

如前所述，在思想政治教育接受活动中，依照环境要素范围的不同，环境具有宏观、中观与微观之分。其中，中观环境是宏观环境和微观环境的连接所在，在思想政治教育接受环境系统中具有突出地位及意义。因此，思想政治教育接受环境的优化应重点着力以下几方面：

一是校园文化环境。首先，强化校园物质文化建设，为思想政治教育接受环境要素的动力作用提供物质保障。学校所属的物质设施如建筑物、校舍、运动场地等以物质形态呈现的文化设施，既是学校教学活动的必要载体，也是学校独特文化的呈现载体。校园的物理环境对身处其中的思想政治教育接受主体而言具有潜隐的教育作用。"优化了的校园物质环境总是以整体的风貌构成某种喻义的符号，无声地、长期地辐射出学校倡导的思想、风范和审美准则。"① 因此，学校应在尊重各自的历史文化传统及具体教育培养目标的前提下，不断强化校园基础设施建设。其次，注重校园精神文化建设，优化思想政治教育接受的精神环境。校园精神文化是校园文化的重要构成，作为校园精神文化的核心内容，校风建设是优化思想政治教育接受精神环境的关键。"校风潜在地蕴含着一种价值取向、行为模式、精神风貌，无形地规范、制约着受教育者的心理与行为，对学生的心理与行为起着调节作用。"② 为此，学

---

① 毛英. 思想政治教育环境学［M］. 成都：西南交通大学出版社，2010：86.
② 毛英. 思想政治教育环境学［M］. 成都：西南交通大学出版社，2010：95.

校应将校风建设置于思想政治教育的维度加以考量，明晰校风培养目标，把握校风建设的本质、环节及路径等，推进优良校风的培育。

二是家庭文化环境。首先，强化父母的表率作用。在家庭场域中，父母是孩子的人生启蒙者，西方马克思主义者威廉·赖希（Wilhelm Reich）认为家庭是"意识形态工厂"，并指出"儿童的思想观念最初是在父母的教育下形成起来的，父母总是有意识或无意识地把儿童的观念同化到自己所信奉的意识形态中。"① 父母的思想观念、言行举止对孩子具有引导示范作用。习近平总书记强调，"家庭是孩子的第一个课堂，父母是孩子的第一个老师。家长要时时处处给孩子做榜样，用正确行动、正确思想、正确方法教育引导孩子。要善于从点滴小事中教会孩子欣赏真善美、远离假丑恶。要注意观察孩子的思想动态和行为变化，随时做好教育引导工作。"② 为此，父母应从家庭、学校、社会一体化教育系统中审视自我角色，充分发挥示范带动作用，以为孩子思想品德素养的不断提升提供有效支撑。其次，注重家庭环境的布置。家庭环境的布置如室内布局的设计、家具的摆放、具体环境的美化等均具有美育功能。因此，优化家庭环境也应重视在具体的家庭环境布置中创设优良的家庭教育氛围，强化家庭环境的教育作用。

三是社区文化环境。社区表征着一定的社会关系结构。社区文化的有效展开在推动接受主体活力培育和智力开发的同时，对塑造接受主体的文化自信具有重要意义，优化社区环境的核心是优化社区文化环境。为此，要将社区文化作为思想政治教育接受主体的动力性因素加以考量。首先，强化社区文化设施的建设与管理。社区文化设施的建设与管理应体现方向性与开放性要求，在坚定马克思主义主导地位的同时，反

① 俞吾金．意识形态论［M］．上海：上海人民出版社，1993：261.
② 习近平．习近平谈治国理政：第一卷［M］．北京：外文出版社，2014：184.

映多样化的社会观念，并以提供高质量文化产品及服务为优化目标，推进社区图书馆、文化活动中心、青年志愿服务中心等文化基础设施的管理实践，切实优化社区思想政治教育工作空间，使接受主体在社区场域内的生活空间与人文空间融于一体，充分发挥社区文化环境的教育作用。其次，推进社区相关文化部门在优化实践中的协同配合。社区文化环境的优化是关涉诸多部门的复杂过程，其优化成效的取得与各参与部分的协同配合密不可分。如社区影视放映部门、书刊发售市场等应明晰自身在社区文化环境中的定位，并以优化社区文化环境为目标指向协同发力，共同推进高质量社区文化环境的创设。

四、激发接受合动力的形成

在明确思想政治教育接受动力要素构成及其相互关系的基础上，基于结构的规定性明确思想政治教育的组织架构和参与力量，在思想政治教育接受实践中寻求这些"组织"及"力量"如何更好地相互配合、融合以最大化地发挥协同效应是随之而来的重要课题。之所以如此是因为只有在思想政治教育接受动力系统中分析探索各动力要素的交互作用及最佳形式才能促进思想政治教育接受动力的最大化即最大合力，从而推动思想政治教育接受效果的最大化。在思想政治教育接受实践中，思想政治教育接受动力评价在检验各动力要素交互作用效果的同时，能够规制各参与力量始终沿着有利于思想政治教育接受目标实现的方向作用并不断提升作用水平。因此，思想政治教育接受动力评价对促进各思想政治教育接受动力要素协同发力，形成接受合力意义重大。在思想政治教育学科视域中，思想政治教育评价是思想政治教育理论研究与实践探索的重要一环，包含科学评价环节的思想政治教育过程形成一个完整的闭环系统。同时，评价本身即具有突出的思想政治教育功能。思想政治教育接受动力评价是在遵循思想政治教育接受目标的基础上，采用一定的方法、手段对思想政治教育接受动力的具体生成、作用过程、作用方式、作用效果等的考察、总结与评定。值得关注的是，思想政治教育接受动力评价对接受合力生成的重要意义建立在科学评价的基础上。目前学界关于何为科学的思想政治教育评价的界定莫衷一是，如有研究者指出，"只要思想政治教育评价能够做到理性化和实事求是（即如实地反映客观的思想政治教育价值关系），思想政治教育评价就是科学的，具有科学性。"① 结合学界相关研究成果，在思想政治教育接受动力评价实践中，思想政治教育接受动力评价的科学性应主要包含以下两方面的有机统一：

其一，全面性评价与重点性评价的结合。"全面评价是对所有的评价对象进行完整的、系统的评价。"② 其主要表现为评价内容的全面性和评价方法的多样性。思想政治教育接受动力评价是一项系统性工程，它包含思想政治教育接受动力生成与作用的全过程，其涉及内容广泛，呈现出多维特征。因此，思想政治教育接受动力评价须在正确把握各方面内容及其相互关系的基础上开展整体性评价。此外，全面性评价意味着评价方法的多样。单一的评价方式、方法难以满足各方面评价内容的具体属性及其需求，因此，评价方法的多样化是推进思想政治教育接受动力评价全面、有序推进的客观要求。重点性评价是在全面评价的基础上，对某一方面、某一部分展开的细评，重点评价应围绕思想政治教育系统中的重点、难点、薄弱点进行。如在思想政治教育接受动力评价中，接受动力的作用效果评价关涉接受动力作用的系统认知及发展趋向，在对思想政治教育接受动力进行整体性评价的同时，需对思想政治

---

① 王茂胜. 思想政治教育评价论［M］. 北京：中国社会科学出版社，2006：215.
② 王茂胜. 思想政治教育评价论［M］. 北京：中国社会科学出版社，2006：177.

教育接受动力的作用效果进行细评。在思想政治教育接受动力评价实践中，全面性评价与重点性评价的结合，有助于在把握思想政治教育接受动力总体状况的同时，深入了解某一方面的具体状况，深化对思想政治教育接受动力各组成部分及环节的认识。

其二，形成性评价与总结性评价的结合。科学评价是形成性评价和总结性评价的统一体。一般而言，形成性评价侧重于发现思想政治教育过程中的问题，明确未来发展方向，把握思想政治教育展开过程中的实际效果，是在思想政治教育过程中进行的，其聚焦思想政治教育的改进和完善。总结性评价侧重于对已完成的思想政治教育实际效果的鉴定，是思想政治教育发生后的一种评价活动。在思想政治教育接受动力评价中，形成性评价与总结性评价的结合，有助于在掌握思想政治教育接受动力的进展情况，并针对其中的问题对思想政治教育接受动力过程予以调控，使其处于一种良性的动态运行之中的同时，对思想政治教育接受动力的实际效果进行优良程度的总体把握。这种统一性集中表现为评价过程的动态性与评价结果的增益性。一方面，接受主体的思想品德素养不是一成不变的，其具有动态发展趋向，同时，各动力要素的动力性转化及其对接受主体形成的动力作用也是逐步加深的。因此，把潜在的思想政治教育接受动力效果融入科学评价中就须在把握当前接受结果中放眼未来，以发展的眼光审视思想政治教育接受动力的长期趋势。另一方面，思想政治教育接受动力的评价结果实质是对思想政治教育接受动力的作用效果进行检验。日前，中共中央、国务院印发的《深化新时代教育评价改革总体方案》强调了对教育进行增值评价的重要性。就思想政治教育接受动力评价实践而言，增值评价既是一种评价活动类型，也是一种评价思维。评价结果的增益性是增值评价思维在结果维度的具体呈现，通过对接受动力评价结果的分析明晰深化发展方向。

　　当然，思想政治教育接受动力评价的科学性意蕴丰富，对其理解和把握需在思想政治教育接受实践中不断深化。全面性评价与重点性评价、形成性评价与总结性评价的有机结合，有助于在思想政治教育接受动力的科学评价中促进各接受动力要素的相互协同，助推思想政治教育接受合动力的生成。

结　语

作为主体性存在的人，其行为是在一定动力驱使下发生的，没有动力的在场，人的行为难以坚定有力。在思想政治教育活动展开过程中，接受实践的背后蕴含着动力逻辑，接受动力是一定思想政治教育活动能否取得实效以及在何种程度上取得实效的关键所在。接受动力之于思想政治教育接受活动的这种重要意义既不能主观消解，也不能置之不顾，这意味着在实践发展的基础上不断深化对思想政治教育接受动力的理解和把握是摆在相关研究者、学习者面前的重要课题。通过对思想政治教育接受动力构成—生成—作用—优化的纵向分析，本书认为：

1. 接受动力要素与接受动力是辩证统一的两个范畴

接受动力要素与接受动力是相互联系又相互区别的两个范畴，对二者既不可作拆解性理解，只见其一不见其二，也不能彼此指代，直接等同。两者的联系性体现在，接受动力要素是作为接受动力的前隐形态存在的，其只有在实践活动中实现动力性转化，才能成为推动发展的动力性范畴。在两者的关系逻辑里，接受动力要素是前提与基础，脱离接受动力要素探讨接受动力易沦为空谈；接受动力是接受动力要素的归宿与趋向，没有发展方向的接受动力要素将难以实现质的转化。

而其区别在本质规定中可窥一斑。其中，对于一个具体的思想政治教育接受活动而言，接受动力要素是接受实践不断实现的必要因子，其体现出以下指向：一是相关性，即该要素和接受活动密切相连，是接受活动得以延展的条件构成。二是正向性，即该要素对于接受活动而言是一种积极性的存在，其对接受活动具有潜在的推动功能。这一属性是接受动力要素的核心属性，它决定了并非与接受活动相关的因素总是接受动力因素，只有那些与接受活动相关且具有推动潜力的部分才具备接受动力因素的极大可能。三是独特性，所谓独特性即强调该要素对于接受活动而言，既具有相关性，也凸显出必要性，是接受活动中不可替代的因子。以上三个方面相互作用，规定了接受动力要素的基本属性。而接受动力则表现为"思想政治教育接受和动力""思想政治教育动力和接受""思想政治教育和接受动力"的有机耦合。在现实语境中，思想政治教育接受动力是三个层面的交互融合，体现为实际推动思想政治教育接受的作用力。

2. 接受动力要素的动力化是接受动力生成的集中展现

接受动力是接受动力要素在实践活动中动力化的产物。作为推动思想政治教育接受的力的集合，思想政治教育接受动力不是凭空产生的，其源于思想政治教育接受实践活动中各动力要素的矛盾运动和交互作用。我们通常所提到的"思想政治教育接受动力"一般是指实现了这种动力性转化后形成的推动作用力。基于二者关系的多样复杂，在理论层面对其加以区分是必要的，对动力化实现的分析是接受动力研究的重要内容。

从思想政治教育接受活动的角度来看，接受的内在驱动要素和外在导向要素在矛盾运动中实现着自身的动力性转化，形成内在驱动力和外在导向力。同时，接受动力要素包含以下几方面的交互作用。一是接受的内在驱动要素之间交互作用推动内在驱动力的合力化。二是接受的外在导向要素之间交互作用推动外在导向力的合力化。三是内在驱动要素和外在导向要素间交互作用推动生成思想政治教育接受合动力。

3. 科学评价接受动力的作用，优化思想政治教育接受动力

作为一种推动力量，作用是动力的本源性意义，动力作用的实现是动力存在的现实依据和价值彰显。接受动力作用的实现程度集中表征着接受动力之于接受实践的重要价值，而对这种价值呈现予以客观评价是深刻认知接受动力是否作用、如何作用、作用大小等系列问题的必然选择。

具体而言，接受动力的作用评价是通过由作用评价目标、评价原则、评价方法等组成的评价系统实现的，其中，接受动力作用评价的目标、原则、方法相互依存，构成了接受动力作用评价的主要参与力量。此评价活动有助于促进对动力作用实现情况的科学把握，助力接受动力作用的更好实现，从而在作用的良性循环中推动接受动力的不断优化。

思想政治教育接受动力研究是一个意蕴十分丰富的矿藏，对其挖掘正在路上。由于目前认知与研究能力的限制，研究对思想政治教育接受动力的相关探讨与预期设想存在一定距离，有些部分带有浅尝辄止的倾向，但也正是这种不完善激发着进一步研究的强烈欲望，成为继续深化研究的内在动力。

参考文献

（一）经典文献

［1］中共中央马克思恩格斯列宁斯大林著作编译局．马克思恩格斯选集：第1卷［M］．北京：人民出版社，2012.

［2］中共中央马克思恩格斯列宁斯大林著作编译局．马克思恩格斯选集：第2卷［M］．北京：人民出版社，2012.

［3］中共中央马克思恩格斯列宁斯大林著作编译局．马克思恩格斯选集：第3卷［M］．北京：人民出版社，2012.

［4］中共中央马克思恩格斯列宁斯大林著作编译局．马克思恩格斯选集：第4卷［M］．北京：人民出版社，2012.

［5］马克思恩格斯文集：第1卷［M］．北京：人民出版社，2009.

［6］列宁．列宁选集：第1卷［M］．北京：人民出版社，2012.

［7］列宁．列宁选集：第2卷［M］．北京：人民出版社，2012.

［8］列宁．列宁选集：第3卷［M］．北京：人民出版社，2012.

［9］列宁．列宁选集：第4卷［M］．北京：人民出版社，2012.

［10］列宁．列宁全集：第55卷［M］．北京：人民出版社，2017.

［11］毛泽东．毛泽东选集：第1卷［M］．北京：人民出版社，1991.

［12］毛泽东．毛泽东选集：第 2 卷［M］．北京：人民出版社，1991.

［13］毛泽东．毛泽东选集：第 3 卷［M］．北京：人民出版社，1991.

［14］毛泽东．毛泽东选集：第 4 卷［M］．北京：人民出版社，1991.

［15］毛泽东．毛泽东文集：第 1 卷［M］．北京：人民出版社，1993.

［16］毛泽东．毛泽东文集：第 2 卷［M］．北京：人民出版社，1993.

［17］毛泽东．毛泽东文集：第 3 卷［M］．北京：人民出版社，1993.

［18］邓小平．邓小平文选：第 1 卷［M］．北京：人民出版社，1994.

［19］邓小平．邓小平文选：第 2 卷［M］．北京：人民出版社，1994.

［20］邓小平．邓小平文选：第 3 卷［M］．北京：人民出版社，1994.

［21］江泽民．江泽民文选：第 1 卷［M］．北京：人民出版社，2006.

［22］江泽民．江泽民文选：第 2 卷［M］．北京：人民出版社，2006.

［23］江泽民．江泽民文选：第 3 卷［M］．北京：人民出版社，2006.

［24］胡锦涛．胡锦涛文选：第 1 卷［M］．北京：人民出版社，2016.

［25］胡锦涛．胡锦涛文选：第 2 卷［M］．北京：人民出版社，2016.

［26］胡锦涛．胡锦涛文选：第 3 卷［M］．北京：人民出版社，2016.

［27］习近平谈治国理政：第 2 卷［M］．北京：外文出版社，2017.

［28］中央文献党史和文献研究院．十九大以来重要文献选编（上）
［M］．北京：中央文献出版社，2019.

［29］中共中央宣传部宣传教育局，教育部社会科学研究与思想政治工作司，共青团中央学校部．加强和改进大学生思想政治教育文件选编［M］．北京：中国人民大学出版社，2005.

［30］教育部思想政治工作司．加强和改进大学生思想政治教育重要文献选编（1978—2014）［M］．北京：知识产权出版社，2015.

（二）学术著作

［1］陈万柏，张耀灿．思想政治教育学原理：第二版［M］．北京：高等教育出版社，2007．

［2］陈秉公．21世纪思想政治教育工作创新理论体系［M］．长春：吉林教育出版社，2000．

［3］冯刚．德育新视野［M］．北京：当代中国出版社，2011．

［4］冯刚．探索思想政治教育发展的内生动力［M］．北京：人民出版社，2017．

［5］冯刚．改革开放以来高校思想政治教育发展史［M］．北京：人民出版社，2018．

［6］冯刚．大学生思想政治教育工作概论［M］．北京：北京师范大学出版社，2020．

［7］冯刚．高校思想政治教育工作质量评价研究［M］．北京：人民出版社，2020．

［8］冯刚．思想政治教育研究热点年度发布：2020［M］．北京：团结出版社，2021．

［9］曹清燕．思想政治教育目的研究：基于马克思主义人学视角［M］．北京：中国社会科学出版社，2011．

［10］常青伟．思想政治教育环境渗透研究［M］．苏州：苏州大学出版社，2015．

［11］陈述．行为心理论［M］．长沙：湖南师范大学出版社，2010．

［12］陈英和．认知发展心理学［M］．北京：北京师范大学出版社，2013．

［13］代黎明．高校思想政治教育实效性研究［M］．北京：北京理

工大学出版社，2018.

　　［14］邓姗，王虹．马克思主义大众化的规律研究［M］．南京：河海大学出版社，2017.

　　［15］邓友超．教育解释学［M］．北京：教育科学出版社，2009.

　　［16］丁宁．接受之维［M］．天津：百花文艺出版社，1999.

　　［17］冯忠良．教育心理学［M］．北京：人民教育出版社，2000.

　　［18］韩进之．德育心理学概论［M］．上海：上海人民出版社，1986.

　　［19］韩巧霞．大学生思想政治教育接受问题研究：基于文化资本分析方法视角［M］．北京：知识产权出版社，2018.

　　［20］韩庆祥，邹诗鹏．人学：人的问题的当代阐释［M］．昆明：云南人民出版社，2001.

　　［21］郝登峰．现代精神动力论［M］．广州：广东人民出版社，2005.

　　［22］何颖．非理性及其价值研究［M］．北京：中国社会科学出版社，2003.

　　［23］洪汉鼎．诠释学：它的历史和当代发展［M］．北京：人民出版社，2001.

　　［24］胡凯．现代思想政治教育心理研究［M］．长沙：湖南人民出版社，2009.

　　［25］胡木贵．接受学导论［M］．沈阳：辽宁教育出版社，1989.

　　［26］中共中央党史研究室，著，胡绳，主编．中国共产党的七十年［M］．北京：中共党史出版社，1991.

　　［27］黄蓉生．当代青年思想政治教育研究［M］．成都：四川人民出版社，2002.

　　［28］金炳华．马克思主义哲学大辞典［M］．上海：上海辞书出版社，2003.

［29］雷永生，王至元，杜丽燕，等. 皮亚杰发生认识论述评［M］.
北京：人民出版社，1987.

［30］李德顺. 价值论［M］. 北京：中国人民大学出版社，2007.

［31］李桂芝，葛铁林. 接受教育的理论与方法［M］. 北京：地质
出版社，1993.

［32］李合亮. 思想政治教育探本：关于其起源及本质的研究［M］.
北京：人民出版社，2007.

［33］李辉. 现代思想政治教育环境研究［M］. 广州：广东人民出
版社，2005.

［34］李颖. 基于哲学解释学视角的思想政治教育接受研究［M］.
杭州：浙江大学出版社，2013.

［35］李泽厚. 中国思想史论［M］. 合肥：安徽文艺出版社，1999.

［36］梁宁建. 心理学导论［M］. 上海：上海教育出版社，2011.

［37］廖志诚. 思想政治教育创新动力论［M］. 北京：社会科学文
献出版社，2012.

［38］林崇德. 学习动力［M］. 武汉：湖北教育出版社，1999.

［39］刘建军. 寻找思想政治教育的独特视角［M］. 北京：中国人
民大学出版社，2016.

［40］刘丽琼. 思想政治理论课教学接受论［M］. 北京：人民出版
社，2009.

［41］刘衍玲. 接受学习与课堂教学［M］. 北京：人民教育出版社，
2007.

［42］罗承选. 高校德育结构体系研究［M］. 北京：中国矿业大学
出版社，1994.

［43］骆郁廷. 精神动力论［M］. 武汉：武汉大学出版社，2003.

［44］吕杰，张波，袁浩川．传播学导论［M］．北京：科学出版社，2007．

［45］马凤岐．教育政治学［M］．北京：人民教育出版社，2002．

［46］马斯洛．动机与人格［M］．马良诚，等译．西安：陕西师范大学出版社，2010．

［47］毛英．思想政治教育环境学［M］．成都：西南交通大学出版社，2010．

［48］孟宪平．马克思主义文化动力思想及其实践研究［M］．北京：北京师范大学出版社，2018．

［49］苗东升．系统科学辩证法［M］．济南：山东教育出版社，1998．

［50］南国农，李运林．教育传播学［M］．北京：高等教育出版社，1995．

［51］彭柏林．道德需要论［M］．上海：上海三联书店，2007．

［52］皮亚杰．发生认识论原理［M］．王宪钿，等译．北京：商务印书馆，1981．

［53］乔建中．道德教育的情绪基础［M］．南京：南京师范大学出版社，2006．

［54］邱柏生．思想政治教育接受学［M］．太原：山西人民出版社，1992．

［55］邵培仁．传播学［M］．北京：高等教育出版社，2015．

［56］沈壮海．思想政治教育有效性研究［M］．武汉：武汉大学出版社，2008．

［57］司马贺．人类的认识［M］．北京：科学出版社，1986．

［58］司马云杰．文化价值论：关于文化建构价值意识的学说［M］．合肥：安徽教育出版社，2011．

［59］孙平．受众心理论［M］．郑州：中州古籍出版社，2007.

［60］孙正聿．哲学通论［M］．上海：复旦大学出版社，2006.

［61］唐震．接受与选择［M］．北京：中国社会科学出版社，2015.

［62］万光侠．思想政治教育的人学基础［M］．北京：人民出版社，2006.

［63］王霏．认识系统运行论［M］．北京：中国人民大学出版社，1991.

［64］王加微．行为科学［M］．杭州：浙江教育出版社，1987.

［65］王家俊．马克思主义认识论［M］．长春：吉林人民出版社，1986.

［66］王礼湛，余潇枫．思想政治教育学［M］．杭州：浙江大学出版社，2011.

［67］王丽荣．思想政治教育接受心理研究［M］．长春：吉林人民出版社，2013.

［68］王鲁玉．唯物辩证法的矛盾法则：马克思主义哲学中国化视域下的《矛盾论》研读［M］．银川：阳光出版社，2018.

［69］王茂胜．思想政治教育评价论［M］．北京：中国社会科学出版社，2006.

［70］王淼．灵动与超越：大学生成长动力研究［M］．苏州：苏州大学出版社，2018.

［71］王敏．思想政治教育接受论［M］．武汉：湖北人民出版社，2002.

［72］王勤．思想政治教育学新论［M］．杭州：浙江大学出版社，2005.

［73］王荣发．德育的逻辑：思想政治教育有效性的逻辑进路研究［M］．上海：华东理工大学出版社，2013.

［74］王守恒．教育动力论［M］．北京：人民教育出版社，2000.

［75］王树荫. 中国共产党思想政治教育史［M］. 北京：高等教育出版社，2018.

［76］王玉梁. 价值哲学新探［M］. 西安：陕西人民教育出版社，1993.

［77］韦冬雪. 思想政治教育过程矛盾和规律研究［M］. 北京：光明日报出版社，2011.

［78］乌杰. 系统辩证学［M］. 北京：中国财政经济出版社，2003.

［79］吴刚. 接受认识论引论［M］. 北京：北京大学出版社，1998.

［80］鲜鹏，高兴国. 信息传播与教育［M］. 兰州：甘肃民族出版社，2003.

［81］项久雨. 思想政治教育价值论［M］. 北京：中国社会科学出版社，2003.

［82］徐春. 人的发展论［M］. 北京：中国人民公安大学出版社，2007.

［83］徐伟新. 新社会动力观［M］. 北京：经济科学出版社，1996.

［84］徐永赞. 学校思想政治教育接受规律研究［M］. 石家庄：河北人民出版社，2016.

［85］杨芷英，王希永. 思想政治教育心理学［M］. 北京：首都师范大学出版社，1999.

［86］易法建. 道德场论［M］. 长沙：湖南教育出版社，2001.

［87］于泉蛟. 思想政治教育接受结构论［M］. 北京：人民出版社，2015.

［88］俞吾金. 意识形态论［M］. 北京：人民出版社，1993.

［89］袁贵仁. 价值学引论［M］. 北京：北京师范大学出版社，1991.

［90］岳金霞. 思想政治教育环境优化研究［M］. 青岛：中国石油大学出版社，2007.

［91］张爱卿．动机论：迈向 21 世纪的动机心理学研究［M］．武汉：华中师范大学出版社，1999.

［92］张景荣．矛盾存在形态论［M］．北京：中国人民大学出版社，1995.

［93］张雷．传播理论与大学生思想政治教育有效接受研究［M］．杭州：浙江大学出版社，2015.

［94］张隆栋．大众传播学总论［M］．北京：中国人民大学出版社，1993.

［95］张勤，张利．行为选择与思想政治工作［M］．北京：中国妇女出版社，1991.

［96］张琼，马尽举．道德接受论［M］．北京：中国社会科学出版社，1995.

［97］张世富．人本主义心理学与马斯洛的需要层次论［M］．北京：人民教育出版社，1999.

［98］张世欣．思想教育接受规律论［M］．上海：上海三联书店，2005.

［99］张天宝．主体性教育［M］．北京：教育科学出版社，2001.

［100］张蔚萍．新编思想政治工作概论［M］．北京：中共中央党校出版社，1989.

［101］张亚丹．大学生思想政治教育价值论［M］．北京：人民出版社，2017.

［102］张彦．思想政治教育主体性研究［M］．广州：广东人民出版社，2006.

［103］张耀灿，郑永廷等．现代思想政治教育学［M］．北京：人民出版社，2006.

［104］张羽佳．阅读·诠释·实践：马克思的当代境遇［M］．北京：中国社会科学出版社，2006.

［105］章凯．目标动力学：动机与人格的自组织原理［M］．北京：社会科学文献出版社，2014.

［106］章志光．社会心理学［M］．北京：人民教育出版社，2008.

［107］赵继伟．马克思主义意识形态接受论［M］．武汉：武汉大学出版社，2009.

［108］赵卫民．世纪之交青年接受马克思主义教育问题研究［M］．北京：人民教育出版社，2000.

［109］赵志业．文化视野中的思想政治教育研究［M］．长春：吉林大学出版社，2018.

［110］郑承军．理想信念的引领与建构［M］．北京：清华大学出版社，2010.

［111］郑兴东．受众心理与传媒引导［M］．北京：新华出版社，1999.

［112］郑永延．思想政治教育方法论［M］．北京：高等教育出版社，1999.

［113］周浩波．教育哲学［M］．北京：人民出版社，2000.

［114］周文彰．狡黠的心灵：主体认识图式概论［M］．北京：中国人民大学出版社，1991.

［115］朱立元．接受美学导论［M］．合肥：安徽教育出版社，2004.

［116］庄福龄．简明马克思主义史［M］．北京：人民出版社，2001.

［117］伊格尔顿．现象学，阐释学，接受理论：当代西方文艺理论［M］．王逢振，译．南京：江苏教育出版社，2006.

［118］马斯洛．人本管理模式［M］．冯化平，译．呼和浩特：内蒙古人民出版社，2003.

［119］韦纳．人类动机：比喻、理论和研究［M］．孙煜明，译．杭州：浙江教育出版社，1999.

［120］伯格，费德瑞柯．人类行为［M］．梅毅，译．北京：中国社会科学出版社，1993.

［121］扎拉斯菲尔德，贝雷尔森，高德特．人民的选择［M］．唐茜，译．北京：中国人民大学出版社，2012.

［122］伽达默尔．真理与方法［M］．洪汉鼎，译．上海：上海译文出版社，1992.

［123］海德格尔．存在与时间［M］．陈嘉映，王庆节，译．北京：生活·读书·新知三联书店，1987.

［124］姚斯，霍拉勃．接受美学与接受理论［M］．周宁，金元浦，译．沈阳：辽宁人民出版社，1987.

［125］勒庞．乌合之众：大众心理研究［M］．冯克利，译．北京：中央编译出版社，2000.

［126］尼科洛夫．人的活动结构［M］．张凡琪，陆齐华，译．北京：国际文化出版公司，1988.

（三）学术期刊

［1］冯刚．增强高校思想政治教育持续发展的内生动力［J］．中国高等教育，2017（Z2）.

［2］冯刚．深刻把握中国特色社会主义这一时代主题［J］．中国高等教育，2017（17）.

［3］冯刚．新时代中国特色社会主义思想政治教育的创新发展［J］．中国高等教育，2018（Z1）.

［4］冯刚．论青年全面发展与青年教育［J］．国家教育行政学院学

报，2018（2）.

［5］冯刚．激发思想政治理论课改革创新的深层力量［J］.学术论坛，2020（2）.

［6］陈步云．论高校实践育人动力机制的构建［J］.学校党建与思想教育，2018（11）.

［7］陈华洲，赵耀．社会主要矛盾转化视域下思想政治教育的现代转型［J］.思想理论教育，2019（2）.

［8］陈军．接受美学的文类理论之维：以姚斯、伊瑟尔为主要考察对象［J］.学术研究，2019（12）.

［9］陈宗章．社会场域中思想政治教育现代转型的动力探析［J］.求实，2014（4）.

［10］程丽丽，刘洋．接受理论的接受主体因素对思想政治教育效果的影响［J］.思想政治教育研究，2009（12）.

［11］耿锐．思想政治教育视角下对价值理论进行理性层面的价值跃升过程［J］.中国高等教育，2019（22）.

［12］韩迎春，张蕾．社会转型时期思想政治教育的发展动力探析［J］.学术论坛，2012（2）.

［13］胡伯项，贾凌昌．思想政治教育社会认同的动力来源与模型构建［J］.思想教育研究，2013（2）.

［14］胡沫，张加明．思想政治理论课教学的信仰型接受论［J］.思想理论教育，2020（5）.

［15］黄航．论认知矛盾与思想政治教育［J］.学术论坛，2012（10）.

［16］黄蓉生．我国高校思想政治教育发展特征［J］.中国高校社会科学，2020（5）.

［17］姜媛媛．试论思想政治教育对象的认知特点及教育理路［J］.

广西社会科学，2020（9）

［18］李合亮．提高思想政治教育可接受性的策略探析［J］．思想教育研究，2020（1）．

［19］李慧卿，徐永赞．思想政治教育接受心理类型及优化［J］．教学与管理，2011（21）．

［20］厉晓妮．论思想政治教育发展的内生动力［J］．学校党建与思想教育，2018（9）．

［21］廖启云，廉永杰．思想政治教育现代化：马克思主义"需要论"的辨析［J］．北京行政学院学报，2013（4）．

［22］刘丰林．论主客体关系下思想政治教育价值的实现［J］．湖北社会科学，2013（12）．

［23］刘居安．思想政治教育接受主体动力问题探析［J］．马克思主义与现实，2004（4）．

［24］刘居安．思想政治教育接受主体外在被动力分析［J］．求实，2005（12）．

［25］刘梅敬．新时代思想政治教育获得感的生成逻辑［J］．社会科学战线，2019（7）．

［26］刘倩．高校思想政治教育接受机制的理论探讨［J］．教育理论与实践，2014（15）．

［27］刘先锐，王习胜．思想政治教育接受主体受话心理结构的转化与建构［J］．思想理论教育，2020（11）．

［28］刘新庚，刘峥．社会主义核心价值观认同的动力要素与过程机制探索［J］．中南大学学报（社会科学版），2012（3）．

［29］罗仲尤，邹德萍．思想政治教育转化属性探析［J］．思想理论教育导刊，2017（4）．

［30］彭小兰，李萍．思想政治教育的作用机制［J］．思想教育研究，2013（4）．

［31］邱开玉，廖梦雅．大学生思政课教学话语有效性研究：基于浙江省 7 所高校的调研［J］．中国青年社会科学，2019（5）．

［32］邱哲．思想政治教育接受主体的内在动力：接受理论的视角［J］．青海社会科学，2010（3）．

［33］商丹，董亚超．社会网络视角下提升高校思想政治教育要素有效性的策略［J］．思想理论教育导刊，2020（11）．

［34］沈壮海，刘灿．论新时代思想政治教育的高质量发展［J］．思想理论教育，2021（3）．

［35］孙艳秋．思想政治教育理论自觉的学科动力学考察［J］．思想教育研究，2017（10）．

［36］谭丙华，柯文进．思想政治教育接受的运行分析［J］．思想教育研究，2015（4）．

［37］唐晓燕．思想政治教育动力辨析［J］．思想政治教育研究，2015（2）．

［38］滕秀梅，林亦平．构建大学生思想政治教育内化中的需要机制［J］．思想政治教育研究，2014（5）．

［39］王勤．影响思想政治教育的主体因素［J］．探索，2003（10）．

［40］王淑娉，李艳．论思想政治教育者的主体自觉［J］．思想政治教育研究，2019（5）．

［41］王永友，粟国康．思想政治教育功能的生成逻辑［J］．思想理论教育，2018（3）．

［42］王子刚，王爱祥．大学生思想政治教育中的组织感染性：属性、功能与发生机制［J］．华东理工大学学报（社会科学版），2019（4）．

[43] 温海霞，孙绍勇．接受视角转换下提升大学生思想政治教育质量的思考 [J]．湖北社会科学，2018（10）．

[44] 熊建生．思想政治教育内容研究的价值指向 [J]．思想理论教育，2015（2）．

[45] 徐菲，戴锐．思想政治教育内容变迁的社会动力研究 [J]．思想教育研究，2018（7）．

[46] 杨培松．接受理论视域下师生对话模式的重构 [J]．教学与管理，2017（36）．

[47] 姚文放．重审接受美学：生产性批评范式的凝练 [J]．社会科学战线，2020（5）．

[48] 叶荣国．大学生思想政治教育话语接受面临的问题与应对 [J]．思想政治教育研究，2019（1）．

[49] 于智慧．新时代高校思想政治理论课话语体系影响要素探究：一种批判话语分析的方法 [J]．社会科学，2019（9）．

[50] 袁媛，李俊奎．接受美学对社会主义核心价值观教育"灌输论"的启示 [J]．理论与改革，2017（1）．

[51] 曾长秋，银红玉．马克思主义需要理论视域下的思想政治教育价值探究 [J]．思想教育研究，2013（5）．

[52] 张国启．论思想政治教育主体的价值引领意识及其强化维度 [J]．思想理论教育，2017（4）．

[53] 张洪修．激发理论武装接受者内在动力的若干思考 [J]．理论学刊，2011（12）．

[54] 张静，李苏婷．心理视角下思想政治教育亲和力的生成与培育研究 [J]．思想教育研究，2019（4）．

[55] 张灵．论思想政治教育接受的心理机制 [J]．思想教育研究，

2016（7）.

［56］张平，赵昊杰．论主流意识形态接受：理论脉络、类型表现与逻辑要素［J］.湖湘论坛，2018（4）.

［57］张荣军，刘金．思想政治教育内化过程中的情感意蕴［J］.学校党建与思想教育，2019（5）.

［58］赵凤伟，刘新全．思想政治教育接受的前提探析［J］.安徽师范大学学报（人文社会科学版），2013（3）.

［59］赵政鑫，卢勇．思想政治教育专业认同的形成要素及提升策略［J］.学校党建与思想教育，2019（15）.

［60］郑永廷，林伯海．"四个全面"战略布局与思想政治教育创新发展［J］.思想理论教育导刊，2016（4）.

［61］郑泽萍．接受美学视域下高校新媒体的运用研究［J］.学校党建与思想教育，2017（22）.

（四）学位论文

［1］刘新全．思想政治教育接受行为研究［D］.徐州：中国矿业大学，2013.

［2］刘岩．马克思主义中国化进程中理论接受问题研究［D］.长春：东北师范大学，2011.

［3］徐永赞．思想政治教育接受过程研究［D］.长春：吉林大学，2006.